➡点線にそって切り取りましょう。

Gakken New Course Study Plan Sheet

WEEKLY STUDY PLAN

Name of the Test ←テスト名を書こう。

テスト期間を書こう。

Test Period ←

/ ～ /

勉強する日付を書こう。

→Date　To-do List ←やることを書こう。
（例）「英単語を10個覚える」、など。

1時間分のマス目をぬろう。1マス10分。

🕐 Time Record
0分 10 20 30 40 50 60分
1時間
2時間
3時間
4時間
5時間
6時間

WEEKLY STUDY PLAN

Name of the Test

Test Period

/ ～ /

Date　To-do List

🕐 Time Record
0分 10 20 30 40 50 60分
1時間
2時間
3時間
4時間
5時間
6時間

WEEKLY STUDY PLAN

Name of the Test

Test Period

/ ～ /

Date　To-do List

🕐 Time Record
0分 10 20 30 40 50 60分
1時間
2時間
3時間
4時間
5時間
6時間

WEEKLY STUDY PLAN

Name of the Test ←テスト名を書こう。

Test Period ←

/ ~ /

Date　To-do List ← やることを書こう。
（例）「英単語を10個覚える」など。

勉強する日付を書こう。

/
( )

☐
☐
☐
☐
☐

🕐 Time Record ←
0時 10 20 30 40 50 60分
1時間
2時間
3時間
4時間
5時間
6時間

/
( )

☐
☐
☐
☐
☐

🕐 Time Record
0時 10 20 30 40 50 60分
1時間
2時間
3時間
4時間
5時間
6時間

/
( )

☐
☐
☐
☐
☐

🕐 Time Record
0時 10 20 30 40 50 60分
1時間
2時間
3時間
4時間
5時間
6時間

/
( )

☐
☐
☐
☐
☐

🕐 Time Record
0時 10 20 30 40 50 60分
1時間
2時間
3時間
4時間
5時間
6時間

/
( )

☐
☐
☐
☐
☐

🕐 Time Record
0時 10 20 30 40 50 60分
1時間
2時間
3時間
4時間
5時間
6時間

/
( )

☐
☐
☐
☐
☐

🕐 Time Record
0時 10 20 30 40 50 60分
1時間
2時間
3時間
4時間
5時間
6時間

/
( )

☐
☐
☐
☐
☐

🕐 Time Record
0時 10 20 30 40 50 60分
1時間
2時間
3時間
4時間
5時間
6時間

テスト期間を書こう。／「実際にその日勉強した時間分のマス目をぬろう。」1マス10分。

WEEKLY STUDY PLAN

Name of the Test

Test Period

/ ~ /

Date　To-do List

/
( )

☐
☐
☐
☐
☐

🕐 Time Record
0時 10 20 30 40 50 60分
1時間
2時間
3時間
4時間
5時間
6時間

/
( )

☐
☐
☐
☐
☐

🕐 Time Record
0時 10 20 30 40 50 60分
1時間
2時間
3時間
4時間
5時間
6時間

/
( )

☐
☐
☐
☐
☐

🕐 Time Record
0時 10 20 30 40 50 60分
1時間
2時間
3時間
4時間
5時間
6時間

/
( )

☐
☐
☐
☐
☐

🕐 Time Record
0時 10 20 30 40 50 60分
1時間
2時間
3時間
4時間
5時間
6時間

/
( )

☐
☐
☐
☐
☐

🕐 Time Record
0時 10 20 30 40 50 60分
1時間
2時間
3時間
4時間
5時間
6時間

/
( )

☐
☐
☐
☐
☐

🕐 Time Record
0時 10 20 30 40 50 60分
1時間
2時間
3時間
4時間
5時間
6時間

/
( )

☐
☐
☐
☐
☐

🕐 Time Record
0時 10 20 30 40 50 60分
1時間
2時間
3時間
4時間
5時間
6時間

WEEKLY STUDY PLAN

Name of the Test

Test Period

/ ~ /

Date　To-do List

/
( )

☐
☐
☐
☐
☐

Time Record
0時 10 20 30 40 50 60分
1時間
2時間
3時間
4時間
5時間
6時間

/
( )

☐
☐
☐
☐
☐

Time Record
0時 10 20 30 40 50 60分
1時間
2時間
3時間
4時間
5時間
6時間

/
( )

☐
☐
☐
☐
☐

Time Record
0時 10 20 30 40 50 60分
1時間
2時間
3時間
4時間
5時間
6時間

/
( )

☐
☐
☐
☐
☐

Time Record
0時 10 20 30 40 50 60分
1時間
2時間
3時間
4時間
5時間
6時間

/
( )

☐
☐
☐
☐
☐

Time Record
0時 10 20 30 40 50 60分
1時間
2時間
3時間
4時間
5時間
6時間

/
( )

☐
☐
☐
☐
☐

Time Record
0時 10 20 30 40 50 60分
1時間
2時間
3時間
4時間
5時間
6時間

/
( )

☐
☐
☐
☐
☐

Time Record
0時 10 20 30 40 50 60分
1時間
2時間
3時間
4時間
5時間
6時間

Gakken New Course Study Plan Sheet

【 学 研 ニ ュ ー コ ー ス 】

問題集
中1英語

♪マークの付いている英文の音声は，2通りの方法で再生できます。
利用環境や用途に合わせてお選びください。

 アプリ「マイオトモ」

音声再生アプリをご利用の方は下記へアクセスしてください。

URL:https://gakken-ep.jp/extra/myotomo/

＊音声を端末にダウンロードすればオフラインでもご利用可能です。

 ストリーミング再生

ページ右上の二次元コードを読み取ってください。

【ご注意】
- オフラインでは利用できません。
- 二次元コードを読み取るためのアプリ等が必要です。

アプリの利用やストリーミング再生は無料ですが，通信料はお客様のご負担になります。
お客様のネット環境および端末の設定等により，音声を再生できない場合，当社は責任を負いかねます。

Gakken

学研ニューコース

Gakken New Course for Junior High School Students　　Contents

中1英語
問題集

「解答と解説」は別冊になっています。
▶本冊と軽くのりづけされていますので，
はずしてお使いください。

本書の特長と使い方

構成と使い方

【1見開き目】

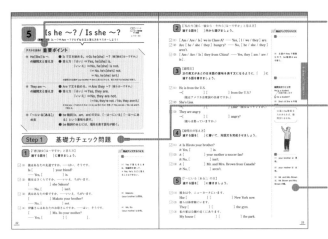

テストに出る！ 重要ポイント

各項目のはじめには，重要点が整理されています。まずはここに目を通して，テストに出るポイントをおさえましょう。

Step 1 基礎力チェック問題

基本的な問題を解きながら，各項目の基礎が身についているかどうかを確認できます。

得点アップアドバイス

わからない問題や苦手な問題があるときに見てみましょう。

【2見開き目】

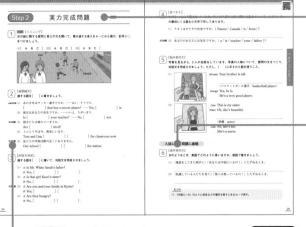

Step 2 実力完成問題

標準レベル～やや難しい問題を解いて，実戦力をつけましょう。まちがえた問題は解き直しをして，解ける問題を少しずつ増やしていくとよいでしょう。

入試レベル問題に挑戦

各項目の，高校入試で出題されるレベルの問題に取り組むことができます。どのような問題が出題されるのか，雰囲気をつかんでおきましょう。

問題につくアイコン

✓よくでる
定期テストでよく問われる問題。

ミス注意
まちがえやすい問題。

ハイレベル
発展的な内容を問う問題。

思考
学習内容を応用して考える必要のある問題。

♪ 音声

このマークのある英語はスマートフォンで音声を再生できます。
※音声の再生方法について，詳しくはこの本のp.1をご覧ください。

本書の特長

ステップ式の構成で 無理なく実力アップ	充実の問題量＋ 定期テスト予想問題つき	スタディプランシートで スケジューリングも サポート

定期テスト予想問題

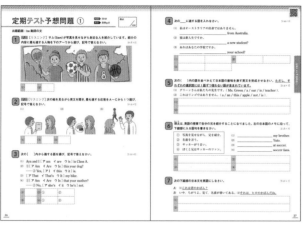

学校の定期テストでよく出題される問題を集めたテストで，力試しができます。制限時間内でどれくらい得点が取れるのか，テスト本番に備えて取り組んでみましょう。

数項目ごと

解答と解説【別冊】

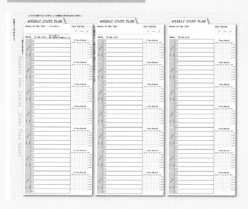

解答は別冊になっています。くわしい解説がついているので，まちがえた問題は，解説を読んで，解き直しをすることをおすすめします。
特に誤りやすい問題には，「ミス対策」があり，注意点がよくわかります。

スタディプランシート

定期テストや高校入試に備えて，勉強の計画を立てたり，勉強時間を記録したりするためのシートです。計画的に勉強するために，ぜひ活用してください。

まずはテストに向けて，いつ何をするかを決めよう！

1 I am ～. / You are ～.

リンク
ニューコース参考書
中1英語
p.52～57

攻略のコツ 自己紹介の文や相手を紹介する文を言えるようにしよう！

テストに出る! **重要ポイント**

● 「私は～です」	● I am ～. で表す。I am の短縮形は I'm。 am は前後をイコール（＝）の関係で結ぶ働き。
● 「あなたは～です」	● You are ～. で表す。you are の短縮形は you're。
● 否定文 （～ではありません）	❶ am や are のあとに not（～でない）を入れる。 （例）I am not a student.　（私は学生ではありません。） 　　　You are not a teacher.（あなたは教師ではありません。） ❷ 短縮形：I am not ～. ＝ I'm not ～. 　　　You are not ～. ＝ You're not ～. / You aren't ～.
● 疑問文 （あなたは～ですか） と答え方	❶ You are ～. の疑問文は Are で始めて，**Are you ～?** の形にする。文の最後にはクエスチョン・マーク（**?**）をつける。 ❷ 答え方：「はい」⇒ Yes, I am. ／ 「いいえ」⇒ No, I'm not.

Step 1 　基礎力チェック問題

解答▶ 別冊p.2

1 【「私は～です」の文】
適する語を[　]に書きましょう。

☑ (1) 私はリサ・ブラウンです。
　　[　　　　　　　　] am Lisa Brown.
☑ (2) 私は 13 歳です。
　　I [　　　　　　　] thirteen.
☑ (3) 私はカナダの出身です。
　　[　　　　　] [　　　　　　] from Canada.
☑ (4) 私は中学生です。
　　[　　　　　　] a junior high school student.

2 【「あなたは～です」の文】
適する語を[　]内から選びましょう。

☑ (1) [I / You] are Hiro.
☑ (2) You [am / are] from Hokkaido.
☑ (3) [You / You're] a baseball fan.

得点アップアドバイス

1
(1)(2)(3) 「私は～です」は I am ～. で表す。

(3) from は出身などを表して，「～から（の）」という意味。
(4) **短縮形**
　空所の数から短縮形を使う。I am の短縮形は I'm。

2
(1)(2) You are ～. で「あなたは～です」の意味。
(3) [　]の外に are がないことに注目。

3 【否定文（～ではありません）】
次の英文があとの日本語の意味を表す文になるように，[　　]に適する語を書きましょう。

☑ (1) I am Taku.
→ I [　　　　　　] [　　　　　　] Taku.
（私はタクではありません。）

☑ (2) I'm a soccer player.
→ [　　　　　] [　　　　　　] a soccer player.
（私はサッカー選手ではありません。）

☑ (3) You are Kate.
→ You [　　　　　] [　　　　　　] Kate.
（あなたはケイトではありません。）

☑ (4) You're from Australia.
→ [　　　　　] [　　　　　　] from Australia.
（あなたはオーストラリアの出身ではありません。）

4 【疑問文（あなたは～ですか）と答え方】
適する語を [　　] に書きましょう。

☑ (1) あなたはジョーンズ先生ですか。
──はい，そうです。
Are [　　　　　　] Mr. Jones?
── Yes, [　　　　　　] am.

☑ (2) あなたはアメリカ合衆国の出身ですか。
──はい，そうです。
[　　　　　　] you from the U.S.?
── Yes, I [　　　　　　].

☑ (3) あなたはバスケットボールの選手ですか。
──いいえ，ちがいます。
[　　　　　] [　　　　　　] a basketball player?
── No, I [　　　　　] [　　　　　　].

☑ (4) あなたは水泳が得意ですか。
──いいえ，得意ではありません。
[　　　　　] [　　　　　　] good at swimming?
── No, [　　　　　　] not.

☑ (5) あなたは忙しいですか。
──いいえ，忙しくありません。
[　　　　　] [　　　　　　] busy?
── No, [　　　　　] [　　　　　　].

Step 2　実力完成問題

解答 ▶ 別冊 p.2

1 ♪ 【リスニング】
A～Cの英文を聞いて，それぞれの絵の内容に最も適するものを1つ選び，記号に○をつけましょう。

(1)　[A　B　C]
(2)　[A　B　C]
(3)　[A　B　C]

2 ♪ 【リスニング】
(1)と(2)の英文を聞いて，その内容に合うほうを選び，記号に○をつけましょう。

(1)　ア　リサはアメリカ合衆国出身だ。
　　　イ　リサはカナダ出身だ。
(2)　ア　健二は今，おなかがすいている。
　　　イ　健二は今，おなかはすいていない。

3 【適語選択】
適する語を[　　]内から選びましょう。

(1)　I [I'm / am / are] Yamada Toru.
(2)　[I / You / I'm] from China.
(3)　[I / You / You're] very busy.
(4)　[Am / Are / I] you a new student? — Yes, I am.

4 【適語補充】
適する語を[　　]に書きましょう。

(1)　私は翼です。
　　　[　　　　　　　　] Tsubasa.
✓よくでる(2)　あなたはブラウン先生ですか。
　　　[　　　　　] [　　　　　　　　] Ms. Brown?
(3)　私は野球ファンではありません。
　　　[　　　　　] [　　　　　　　　] a baseball fan.
(4)　あなたはA組ではありません。
　　　You [　　　　　　　] in Class A.

5 【対話文完成】

適する語を［　　　　］に書いて，対話文を完成させましょう。

ミス注意 (1)　*A:* Are you John Smith?

　　　　　B: Yes, [　　　　　　　] [　　　　　　　].

　　(2)　*A:* Are you from the U.K.?

　　　　　B: No, [　　　　　] [　　　　　　　].

6 【条件英作文】

次の2枚の絵は，初対面の美佐 (Misa) とトム (Tom) が会話をしている場面です。それぞれの条件に合うように，美佐になったつもりで英文を書きましょう。

(1)　

美佐がトムにシドニー (Sydney) 出身かどうかをたずねたあと，自分は横浜 (Yokohama) の出身だと伝える。

Misa: ＿＿＿＿＿＿＿＿＿＿＿＿＿＿＿＿＿＿＿＿＿

Tom: Yes, I am.

Misa: ＿＿＿＿＿＿＿＿＿＿＿＿＿＿＿＿＿＿＿＿＿

(2)　

美佐がトムに野球ファンかどうかをたずねたあと，自分はサッカーファンだと伝える。

Misa: ＿＿＿＿＿＿＿＿＿＿＿＿＿＿＿＿＿＿＿＿＿

Tom: Yes, I am.

Misa: ＿＿＿＿＿＿＿＿＿＿＿＿＿＿＿＿＿＿＿＿＿

入試レベル問題に挑戦

7 【条件英作文】

あゆみ (Ayumi) は，英語で自己紹介をすることになりました。下のメモを参考に，あゆみになったつもりで，自己紹介の文を完成させましょう。

Hello.　(1)[　　　　　　　] Kobayashi Ayumi.

Please call me Ayu.

(2)[　　　　　] [　　　　　　] Sendai.

(3)[　　　　　] [　　　　　] at cooking.

Thank you.

| ・名前：小林あゆみ |
| ・ニックネーム：あゆ |
| ・出身地：仙台 |
| ・得意なこと：料理 |

　ヒント

自分のことを伝えるので，I を主語にして文をつくる。

2 This is 〜. / That is 〜.

リンク
ニューコース参考書
中1英語
p.62〜67

攻略のコツ 近く／遠くの人や物についていう文と否定文のつくり方に注意！

テストに出る！ 重要ポイント

●「これは〜です」	❶ This is 〜. で表す。近くの物や人をさすときに使う。this は「これ」という意味。人を紹介する文でも使う。 └「こちらは〜です」 ❷ am, are, is のことをまとめて be 動詞と言う。 ビー
●「あれは〜です」	● That is 〜. で表す。遠くの物や人をさすときに使う。that は「あれ」という意味。that is の短縮形は that's。
● 否定文 （これ[あれ]は〜で はありません）	● is のあとに not を入れる。is not の短縮形は isn't。 ⇒ This is not 〜.（これ[こちら]は〜ではありません。） ⇒ That is not 〜.（あれ[あちら]は〜ではありません。） 短縮形は That's not 〜.（This is の短縮形はない）
●「〜の」を表す語	❶ 代名詞：my（私の）, your（あなたの）, our（私たちの） だいめいし ❷ 名詞：Ken's（健の）, my sister's（私の姉[妹]の）
● a と an	●「本」「リンゴ」など数えられる名詞が「1つ」あることを表すときは, a か an をつける。(例) a book, an apple 母音で始まる語のときは an┘

Step 1 基礎力チェック問題

解答 別冊 p.3

1 【「これは〜です」／「あれは〜です」の文】
適する語を [　　] に書きましょう。

☑ (1) これはいすです。
[　　　　　　] is a chair.

☑ (2) こちらは豊です。
This [　　　　　　] Yutaka.

☑ (3) あれは私のラケットです。
[　　　　　　] is my racket.

☑ (4) あちらは私の母です。
[　　　　　　] my mother.

☑ (5) この本はおもしろい。
[　　　　　　] book is interesting.

得点アップアドバイス

1
this と that の意味
　近くの物や人をさして「これ, こちら」は this, 遠くの物や人をさして「あれ, あちら」は that で表す。

(2)(4)　人を紹介する文。

(4)　空所の数が足りない場合は, 短縮形を入れる。

(5)　this や that は, あとに名詞を続けて「この〜」「あの〜」という意味で使うこともある。

2　【否定文（～ではありません）】
次の英文があとの日本語の意味を表す文になるように，[　　]に適する語を書きましょう。

- ☑ (1)　This is a desk.
  - → This is [　　　　　　　] a desk.
  - （これは机ではありません。）
- ☑ (2)　This is my bag.
  - → This [　　　　　] [　　　　　　　] my bag.
  - （これは私のかばんではありません。）
- ☑ (3)　That is a guitar.
  - → That is [　　　　　　] a guitar.
  - （あれはギターではありません。）
- ☑ (4)　That's Kenta's umbrella.
  - → [　　　　　　] [　　　　　　　] Kenta's umbrella.
  - （あれは健太のかさではありません。）
- ☑ (5)　That is Becky.
  - → [　　　　　　] [　　　　　　　] Becky.
  - （あちらはベッキーではありません。）

3　【「～の」を表す語】
適する語を[　　]内から選びましょう。

- ☑ (1)　これは私の犬です。
  - This is [my / your] dog.
- ☑ (2)　これは私たちの教室ではありません。
  - This is not [my / our] classroom.
- ☑ (3)　こちらはひとみのお父さんです。
  - This is [Hitomi / Hitomi's] father.
- ☑ (4)　あれはあなたのお兄さんの自転車です。
  - That is your [brother / brother's] bike.

4　【a と an】
次の語句で，a か an をつけることができるものには○を，つけられないものには×をつけましょう。

- ☑ (1)　bag　　　　　　[　　]
- ☑ (2)　cat　　　　　　[　　]
- ☑ (3)　Mr. Brown　　[　　]
- ☑ (4)　English　　　 [　　]
- ☑ (5)　student　　　 [　　]
- ☑ (6)　desk　　　　　[　　]
- ☑ (7)　my book　　　 [　　]
- ☑ (8)　eraser　　　　[　　]

2　This is ～. / That is ～.

🖋 得点アップアドバイス

2 ‥‥‥‥‥‥‥‥‥

否定文のつくり方
　This is ～. や That is ～. の否定文は is のあとに not を入れる。

(4)(5)　空所の数に注意して，短縮形を使って表す。

3 ‥‥‥‥‥‥‥‥‥

「～の」を表す語
　必ず名詞の前で使う。また，「～の」を表す語の前に a や an はつけない。

(3)〈人名＋'s〉
　「～の」の〈～〉の部分に，人の名前がくるときは，人の名前のあとに 's をつける。

人の名前や教科名，地名などには a, an はつかないよ。

1 ♪【リスニング】

(1)～(3)の英文を聞いて，その内容に最も適する絵を選び，記号で答えましょう。

(1)[　　　] 　(2)[　　　] 　(3)[　　　]

ア  　イ  　ウ

2 【適語補充】

適する語を[　]に書きましょう。

✓よくでる (1) （人を紹介して）こちらは翼です。

[　　　　　][　　　　　　] Tsubasa.

✓よくでる (2) あれはウサギです。

[　　　　　][　　　　　　] a rabbit.

(3) あれは私の家です。

[　　　　　　] my house.

(4) あちらは早紀ではありません。

[　　　　　][　　　　　　] Saki.

ミス注意 (5) これは私たちの車ではありません。

[　　　　　][　　　　　　] our car.

3 【適語選択】

次の[　]に適する語を右の□□から選んで入れ，日本語に合う英文を完成させましょう。ただし，いずれも入れる必要がないときには×印を書きましょう。

ミス注意 (1) これは私の本です。

This is [　　　　　] my book.

✓よくでる (2) これはコンピューターです。

This is [　　　　　] computer.

(3) これはリンゴではありません。

This is not [　　　　　] apple.

(4) これはあなたのノートではありません。

This isn't [　　　　　] notebook.

(5) あれは私の父の車です。

That is [　　　　　] father's car.

a
an
my
your
our

4 【並べかえ】
次の( )内の語を並べかえて，日本語の意味を表す英文を書きましょう。ただし，文の最初にくる語も小文字で示してあります。

(1) こちらは私の弟です。(is / brother / this / my).

_____

(2) あれは健の自転車ではありません。(not / Ken's / that's / bike).

_____

ハイレベル (3) あの花は美しいです。(flower / that / beautiful / is).

_____

5 【英作文】
次の2枚の絵は，ベッキーと亮が会話をしている場面です。ふきだしの日本語に合うように，英文を完成させましょう。

(1) こちらは美紀です。

(2) あちらは健です。

(1) _____

(2) _____

入試レベル問題に挑戦

6 【条件英作文】
次のようなとき，英語でどのように言いますか。

(1) 東京駅の写真を見せながら，「これは東京駅(Tokyo Station)です」と説明するとき。

_____

(2) はなれたところにいる人をさして，「あちらは森先生(Mr. Mori)ではありません」と説明するとき。

_____

ヒント
(2) はなれたところにいる人や遠くにある物をさす場合は that を使う。

3 Is this 〜? / Is that 〜?

リンク
ニューコース参考書
中1英語
p.68〜69

攻略のコツ 「これ[あれ]は〜ですか」とたずねる文と答え方を覚えよう！

テストに出る！ 重要ポイント

● 疑問文
（これ[あれ]は〜ですか）

● This[That] is 〜. の疑問文は Is で文を始める。
⇒ **Is this 〜?** （これは〜ですか。）
⇒ **Is that 〜?** （あれは〜ですか。）

● 答え方

● 答えの文では this や that は使わず，it を使う。
「はい」　⇒ **Yes, it is.**
「いいえ」⇒ **No, it is not.**
　短縮形を使って，No, it's not. / No, it isn't. とも言う。

● It is 〜. の文

❶ すでに話題にのぼっていることについて「それは〜です」と説明するときには，it を主語にして **It is 〜.** を使う。
❷ Is this[that] 〜? の質問に，Yes / No で答えたあとに，「それは〜です」と説明するときも，It is[It's] 〜. を使う。

Step 1　基礎力チェック問題

解答 別冊 p.4

1 【疑問文（これ[あれ]は〜ですか）と答え方】
適する語を [　　] 内から選びましょう。

☑ (1) *A:* [Is / Are] this your desk?
B: Yes, it is.

☑ (2) *A:* Is [that / that's] a ball?
B: No, it isn't.

☑ (3) *A:* Is this a bird?
B: Yes, [this / it] is.

☑ (4) *A:* Is that my bag?
B: No, it [is / isn't] not.

☑ (5) *A:* Is that your cat?
B: No, [it / it's] not.

☑ (6) *A:* Is this Ken's bike?
B: No, it [is / isn't].

得点アップアドバイス

1 ········

疑問文の形
　This is 〜. や That is 〜. の疑問文は Is で文を始める。
(2) that's は that is の短縮形。

答えの文では，主語に this や that は使わない。

2 【疑問文（これ［あれ］は～ですか）】
次の英文があとの日本語の意味を表す文になるように，[　]に
適する語を書きましょう。

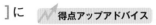 得点アップアドバイス

2

☑ (1)　This is a book.

→ [　　　　　] [　　　　　　　] a book?

（これは本ですか。）

☑ (2)　That is Kenta.

→ [　　　　　] [　　　　　　　] Kenta?

（あちらは健太ですか。）

☑ (3)　That is Ms. Ito.

→ [　　　　　] [　　　　　　　] Ms. Ito?

（あちらは伊藤先生ですか。）

☑ (4)　That's a school.

→ [　　　　　] [　　　　　　　] a school?

（あれは学校ですか。）

疑問文への書きかえ
　This is ～. や That is ～. の疑問文は，Is で文を始めて，Is this ～? や Is that ～? の形になる。ピリオド(.)をクエスチョン・マーク(?)にかえることに注意。

(4)　that's は that is の短縮形。

3 【疑問文（これ［あれ］は～ですか）と答え方】
適する語を[　]に書きましょう。

☑ (1)　これは鉛筆ですか。——はい，そうです。

Is [　　　　　　] a pencil?

—— Yes, [　　　　　　] is.

☑ (2)　これはあなたの自転車ですか。——いいえ，ちがいます。

[　　　　　　] this your bike?

—— No, it [　　　　　] [　　　　　　].

☑ (3)　あれはジムの家ですか。

——はい，そうです。

[　　　　　] [　　　　　　　] Jim's house?

—— Yes, [　　　　　] [　　　　　　].

☑ (4)　あれはレストランですか。

——いいえ，ちがいます。

[　　　　　] [　　　　　　　] a restaurant?

—— No, [　　　　　] [　　　　　　].

☑ (5)　これはオレンジですか。

——いいえ，ちがいます。それは，トマトです。

[　　　　　] [　　　　　　　] an orange?

—— No, [　　　　　] [　　　　　　].

[　　　　　　] a tomato.

3

答えの文の主語
　Is this ～? や Is that ～? の質問には，this や that ではなく，it を使って答える。

(3)　Yes で答えるときには，短縮形を使って
×Yes, it's. と答えることはできない。

(5)　「それは～です」はitを使って表すよ。

1 ♪【リスニング】
　A〜Cの英文を聞いて，それぞれの絵の内容に最も適するものを1つ選び，記号に○をつけましょう。

(1) 　[A　B　C]

(2) 　[A　B　C]

(3) 　[A　B　C]

2 【適語選択】
適する語を[　　　]内から選びましょう。

✓よくでる (1)　これはギターですか。
　　[Am / Are / Is] this a guitar?

ミス注意 (2)　はい，そうです。((1)の答え)
　　Yes, [this / that / it] is.

(3)　あれはあなたの学校ですか。
　　Is [this / that / it] your school?

(4)　いいえ，ちがいます。それは私の兄の学校です。((3)の答え)
　　No, it's not. [This / That's / It's] my brother's school.

3 【適語補充】
適する語を[　　　]に書きましょう。

(1)　これは車ですか。
　　[　　　　　　　] [　　　　　　　　　　] a car?

(2)　はい，そうです。((1)の答え)
　　Yes, [　　　　　　　] is.

(3)　あれはあなたのコンピューターですか。
　　[　　　　　　　] [　　　　　　　　　　] your computer?

ミス注意 (4)　いいえ，ちがいます。それは私の父のコンピューターです。((3)の答え)
　　No, [　　　　　　　] not. [　　　　　　　　　] my father's computer.

(5)　これはジムの腕時計ですか。——いいえ，ちがいます。
　　[　　　　　　　] [　　　　　　　　　　] Jim's watch? —— No, it [　　　　　　　].

4 【並べかえ】
次の( )内の語を並べかえて，日本語の意味を表す英文を書きましょう。ただし，文の最初にくる語も小文字で示してあります。

(1) これはかばんですか。　(bag / is / this / a)?

_____

(2) あれは私の自転車ですか。　(my / that / is / bike)?

_____

5 【対話文完成】
リサ（Lisa）が亜美（Ami）に持ち物について質問しています。[　]に適する語を入れて，対話文を完成させましょう。

Lisa: Ami, is this your pencil case?
Ami: Yes, (1)[　　　　] [　　　　　].
Lisa: Your pencil case is very cute.
Ami: Thanks, Lisa. (2)[　　　　] a present from my sister.
Lisa: Nice. Oh, you have a new pen.
　　　 (3)[　　　　] this pen your sister's present, too?
Ami: No, (4)[　　　　] not. I got it at the store yesterday.

got: 買った　　yesterday: 昨日

入試レベル問題に挑戦 ....

6 【条件英作文】
次のようなとき，英語でどのように言いますか。

(1) 教室で，近くにある机を指して，「あなたの机ですか」とたずねるとき。

_____

(2) (1)の質問に対して，「いいえ。ダン（Dan）の机です」と答えるとき。

_____

(3) 遠くに見える山を指して「富士山ですか（Mt. Fuji）」とたずねるとき。

_____

✋ **ヒント**
(1)「机」は desk。　(2)「ダンの」は〈～'s〉の形を使って表す。

3　Is this ～? / Is that ～?

4 He is 〜. / She is 〜.

リンク
ニューコース参考書
中1英語
p.72〜77

攻略のコツ 主語が3人称単数や複数のときのbe動詞のちがいに注意しよう！

テストに出る！ 重要ポイント

- 「彼は〜です」
- 「彼女は〜です」

❶ **He is 〜.** で表す。he は1人の男性をさす。[短縮形は he's]

❷ **She is 〜.** で表す。she は1人の女性をさす。[短縮形は she's]

❸ 主語が I, you 以外の1人の人，1つの物のとき，be動詞は **is** を使う。

- 主語が複数の文

❶ 「私たちは〜です」⇒ **We are 〜.**
we は自分を含めた複数の人をさす。[短縮形は we're]

❷ 「あなたたちは〜です」⇒ **You are 〜.** [短縮形は you're]

❸ 「彼ら[彼女ら／それら]は〜です」⇒ **They are 〜.**
they は複数の人や物をさす。[短縮形は they're]

❹ 主語が複数の文の be 動詞は **are** を使う。

- 否定文とその短縮形

● 否定文は **is, are** のあとに **not** を入れる。

> he is not → he's not / he isn't
> she is not → she's not / she isn't
> we are not → we're not / we aren't
> they are not → they're not / they aren't

Step 1 基礎力チェック問題

解答 ▶ 別冊 p.5

1 【「彼[彼女]は〜です」の文】
適する語を [　　] に書きましょう。

☑ (1) こちらは陸です。彼は私の友達です。
This is Riku.　[　　　　　　] [　　　　　　　　] my friend.

☑ (2) こちらはアンです。彼女はテニス選手です。
This is Ann.　[　　　　　] [　　　　　　　] a tennis player.

☑ (3) こちらはジョーンズさんです。彼はアメリカ合衆国出身です。
This is Mr. Jones.　[　　　　　　] from the U.S.

☑ (4) あちらは私の母です。彼女は看護師です。
That is my mother.　[　　　　　] a nurse.

得点アップアドバイス

1 ....

1人の男性をさして「彼は」は he で，1人の女性をさして「彼女は」は she で表す。

(3)(4) 空所が1つなので，短縮形を使って表す。

2 【いろいろな主語の文】

適する語を [　　] 内から選びましょう。

☑ (1) 私は中学生です。

I [am / are / is] a junior high school student.

☑ (2) 彼らは和也と光です。

[He / She / They] are Kazuya and Hikaru.

☑ (3) 私たちは忙しい。

We [am / are / is] busy.

☑ (4) 私の妹と私は空腹です。

My sister and I [is / am / are] hungry.

☑ (5) この動画はおもしろい。

This video [am / are / is] interesting.

3 【否定文】

適する語を [　　] に書きましょう。

☑ (1) 彼は私たちの先生ではありません。

He [　　　　　] [　　　　　　　] our teacher.

☑ (2) 彼女はカナダの出身ではありません。

She [　　　　　] [　　　　　　] from Canada.

☑ (3) 私たちは楽しくありません。

We [　　　　　] [　　　　　　] happy.

☑ (4) 彼らは私のクラスメイトではありません。

They [　　　　　] [　　　　　] my classmates.

4 【短縮形】

次の英文を，短縮形を使って書きかえましょう。

☑ (1) He is our teacher.

→ [　　　　　　] our teacher.

☑ (2) She is not my mother.

→ [　　　　　　] not my mother.

☑ (3) We are tall.

→ [　　　　　　] tall.

☑ (4) They are not in Japan.

→ [　　　　　　] not in Japan.

☑ (5) He is not free.

→ He [　　　　　　] free.

☑ (6) You are good students.

→ [　　　　　　] good students.

🔼 得点アップアドバイス

2……………………

am, are, is の使い分け

● 主語が I（私）→ am

● 主語が you（あなた（たち））や複数の人や物 → are

● 主語が I，you 以外の 1 人の人や 1 つの物 → is

(4) 〜 and I は自分を含めた複数の人を表す。

3……………………

否定文のつくり方

be 動詞の否定文は，be 動詞のあとに not を入れる。

4……………………

(2)(4) 空所のあとに not があるので，主語と be 動詞を短縮形で表す。

否定文の短縮のしかたは2通りあるので注意！

4 He is 〜 / She is 〜.

Step 2 実力完成問題

1 ♪【リスニング】

あゆみが写真を見せながら身近な人を紹介しています。紹介の内容に最も適する人物を
ア〜ウから選び，記号で答えましょう。

(1)[　　　　]　　(2)[　　　　]

ア 　　イ 　　ウ

2 【適語選択】

適する語を[　　]内から選びましょう。

✓よくでる (1)　That is Ms. Brown. [It / He / She] is Tim's mother.

✓よくでる (2)　This is my brother Yuma. [It / He / She] is good at basketball.

ミス注意 (3)　Sarah and Jane are my good friends. [He / She / They] are kind.

(4)　This is my classmate Sakura. We [am / are / is] in Class 1.

(5)　My father [not / aren't / isn't] good at cooking.

3 【適語補充】

適する語を[　　]に書きましょう。

(1)　こちらはダンです。彼は英語の先生です。
　　This is Dan. [　　　　　　][　　　　　　　　] an English teacher.

ミス注意 (2)　あちらは朋美です。彼女はバスケットボールの選手です。
　　That's Tomomi. [　　　　　　　] a basketball player.

(3)　私たちは沖縄の出身ではありません。
　　[　　　　　　][　　　　　　　] from Okinawa.

(4)　彼らはおなかがすいています。
　　[　　　　　　][　　　　　　　] hungry.

(5)　あなたたちは中学生ではありません。
　　[　　　　　　][　　　　　　　] junior high school students.

4 【適語選択】

次の[　]に適する語を右の□□□から選んで入れ，日本文に合う英文を完成させましょう。ただし，文の最初にくる語も小文字で示してあります。

(1) This is Mr. Ueda. [　　　　　　] is our math teacher.
（こちらは上田先生です。彼は私たちの数学の先生です。）

(2) This is my sister. [　　　　　　] a high school student.
（こちらは私の姉です。彼女は高校生です。）

(3) He [　　　　　　] a baseball fan.
（彼は野球ファンではありません。）

(4) [　　　　　　] not a new student.
（彼は新入生ではありません。）

| he |
| she |
| he's |
| she's |
| isn't |

5 【並べかえ】

次の（　）内の語を並べかえて，日本文の意味を表す英文を書きましょう。ただし，文の最初にくる語も小文字で示してあります。

(1) 彼は私の友達ではありません。(not / friend / he / my / is).

_____

ハイレベル (2) 彼らはカナダ出身ではありません。(not / are / they / Canada / from).

_____

入試レベル問題に挑戦

6 【和文英訳】

次は，佳奈（Kana）が裕二（Yuji）にブラウン先生（Mr. Brown）を紹介しているときの会話です。(1)と(2)の日本語の部分を英語にして，対話文を完成させましょう。

Kana: Mr. Brown, this is my friend, Yuji.
(1) 裕二，こちらはブラウン先生です。
(2) 彼はアメリカ合衆国（the U.S.）出身です。

Mr. Brown: Hi, Yuji. Nice to meet you.

Yuji: Nice to meet you, too, Mr. Brown.

(1) Yuji, _____ .

(2) _____

💡 **ヒント**

「～の出身」の表し方に注意しよう。

5 Is he 〜? / Is she 〜?

攻略のコツ Is 〜?や Are 〜?でたずねる文と答え方をマスターしよう！

テストに出る！ 重要ポイント

● **He[She] is 〜.**
の疑問文と答え方

❶ Is で文を始める。⇒ **Is he[she] 〜?**（彼[彼女]は〜ですか。）
❷ 答え方：「はい」⇒ **Yes, he[she] is.**
「いいえ」⇒ **No, he[she] is not.**
（= No, he's[she's] not.
= No, he[she] isn't.）

※疑問文の主語が your brother や Ann（人名）などのとき，答えの文では he[she] を使う。

● **They are 〜.**
の疑問文と答え方

❶ Are で文を始める。⇒ **Are they 〜?**（彼らは〜ですか。）
❷ 答え方：「はい」⇒ **Yes, they are.**
「いいえ」⇒ **No, they are not.**
（= No, they're not. / No, they aren't.）

※ Are you 〜?（あなたたちは〜）には，we（私たちは）を使って Yes, we are. / No, we aren't. で答える。

● **「〜にいる[ある]」**
の文

❶ be 動詞(is, am, are)の文は，「…は〜にいる」「…は〜にある」という意味も表す。
❷ be 動詞のあとには，場所を表す語句が続く。

Step 1 基礎力チェック問題

解答 別冊p.6

1 【「彼[彼女]は〜ですか」と答え方】
適する語を[ ]に書きましょう。

得点アップアドバイス

1 ⋯⋯⋯⋯⋯⋯⋯⋯

☑ (1) 彼はあなたの友達ですか。——はい，そうです。
Is [   ] your friend?
—— Yes, [   ] is.

(1) Yes で答えるときは，短縮形を使って，× Yes, he's. などと答えることはできない。

☑ (2) 彼女はさくらですか。——いいえ，ちがいます。
[   ] she Sakura?
—— No, [   ] isn't.

☑ (3) 真はあなたの弟ですか。——いいえ，ちがいます。
[   ] Makoto your brother?
—— No, [   ] not.

(3) Makoto
(your brother) は男性。

☑ (4) 伊藤さんはあなたのお母さんですか。——はい，そうです。
[   ] Ms. Ito your mother?
—— Yes, [   ] [   ].

(4) Ms. Ito
(your mother) は女性。

2 【「私たち［彼ら・彼女ら・それら］は〜ですか」と答え方】
適する語を［　　］内から選びましょう。

得点アップアドバイス

2 ··············

☑ (1)　［ Am / Are / Is ］ we in Class A?　── Yes, ［ I / we / they ］ are.
☑ (2)　Are ［ he / she / they ］ hungry?　── No, ［ he / she / they ］ aren't.
☑ (3)　［ Am / Are / Is ］ they from China?　── Yes, they ［ am / are / is ］.

(3)　主語が they で複数なので，be 動詞は are を使う。

3 【疑問文】
次の英文があとの日本語の意味を表す文になるように，［　　］に適する語を書きましょう。

3 ··············

疑問文のつくり方
He is a student.
　　　主語の前に出す
Is he a student?

(2)　She's は She is の短縮形。

☑ (1)　He is from the U.S.
　　　→［　　　　　　　］［　　　　　　　　　　　　］ from the U.S.?
　　　（彼はアメリカ合衆国の出身ですか。）
☑ (2)　She's Lisa.
　　　→［　　　　　　　］［　　　　　　　　　　　］ Lisa?（彼女はリサですか。）
☑ (3)　They are angry.
　　　→［　　　　　　　］［　　　　　　　　　　　］ angry?
　　　（彼らは怒っていますか。）

主語と be 動詞を入れかえれば，疑問文になるね。

4 【疑問文の答え方】
適する語を［　　］に書いて，対話文を完成させましょう。

4 ··············

☑ (1)　*A:* Is Hiroto your brother?
　　　B: Yes, ［　　　　　　　　　］ is.
☑ (2)　*A:* ［　　　　　　　　　］ your mother a soccer fan?
　　　B: No, ［　　　　　　　　］ isn't.
☑ (3)　*A:* ［　　　　　　　　　］ Mr. and Mrs. Brown from Canada?
　　　B: No, ［　　　　　　　　］ aren't.

(1)　your brother は男性。

(2)　your mother は女性。

(3)　Mr. and Mrs. Brown は，Mr. Brown and Mrs. Brown の略。

5 【「〜にいる［ある］」の文】
適する語を［　　］に書きましょう。

☑ (1)　彼女は今，ニューヨークにいます。
　　　She ［　　　　　　　　］［　　　　　　　　　　　］ New York now.
☑ (2)　彼らは体育館にいます。
　　　They ［　　　　　　　　］［　　　　　　　　　　　］ the gym.
☑ (3)　私の家は公園の近くにあります。
　　　My house ［　　　　　　　　］［　　　　　　　　　　　］ the park.

5 Is he 〜? / Is she 〜?

Step 2　実力完成問題

1 ♪【リスニング】
次の絵に関する質問と答えの文を聞いて，最も適する答えをＡ〜Ｃから選び，記号に○をつけましょう。

(1) [　A　B　C　]　(2) [　A　B　C　]　(3) [　A　B　C　]

Lisa

Satoshi

2【適語補充】
適する語を[　]に書きましょう。

✓よくでる (1) あの少年はサッカー選手ですか。——はい，そうです。
[　　　　　　　] that boy a soccer player?　—— Yes, [　　　　　　] is.

(2) 彼女はあなたの先生ですか。——いいえ，ちがいます。
Is [　　　　　　] your teacher?　—— No, [　　　　　] not.

ミス注意 (3) 彼女たちは疲れていますか。
Are [　　　　　　] tired?

(4) トムとリサは今，教室にいます。
Tom and Lisa [　　　　　] [　　　　　　] the classroom now.

ミス注意 (5) 私たちの学校は駅の近くにありません。
Our school [　　　　　] [　　　　　] the station.

3【対話文完成】
適する語を[　]に書いて，対話文を完成させましょう。

(1) *A:* Is Mr. White Sarah's father?
B: Yes, [　　　　　] [　　　　　　].

(2) *A:* Is that girl Kaori's sister?
B: No, [　　　　　] [　　　　　].

ミス注意 (3) *A:* Are you and your family in Kyoto?
B: Yes, [　　　　　] [　　　　　].

(4) *A:* Are they hungry?
B: No, [　　　　　] [　　　　　].

4 【並べかえ】
次の( )内の語を並べかえて，日本文の意味を表す英文を書きましょう。ただし，文の最初にくる語も小文字で示してあります。

(1) ナオミはカナダの出身ですか。(Naomi / Canada / is / from)?

_____

ミス注意 (2) あなたのお父さんは先生ですか。(a / is / teacher / your / father)?

_____

5 【条件英作文】
写真を見ながら，2人が会話をしています。写真の人物について，質問の文をつくり，対話文を完成させましょう。ただし，( )に示された語を使うこと。

(1)

Hiroshi: Your brother is tall.

_____
（バスケットボール選手：basketball player）

George: Yes, he is.
He's a very good player.

(2)

Lisa: This is my sister.
Yohei: Oh, she's beautiful.

_____
（俳優：actor）

Lisa: No, she's not.
She's a nurse.

入試レベル問題に挑戦

6 【条件英作文】
次のようなとき，英語でどのように言いますか。英語で書きましょう。

(1) （電話をしてきた相手に）「あなたは中国にいるの？」とたずねるとき。

_____

(2) （抗議している人たちを見て）「彼らは怒っているの？」とたずねるとき。

_____

> **ヒント**
> (1) 「中国にいる」のように地名などの場所を表すときは in 〜で表す。

定期テスト予想問題 ①

時間 ▶ 50分
解答 ▶ 別冊 p.8

得点 / 100

出題範囲：be 動詞の文

1 【リスニング】サム（Sam）が写真を見せながら身近な人を紹介しています。紹介の内容に最も適する人物を下のア～ウから選び，記号で答えなさい。 【4点×2】

(1)		(2)	

2 🎵【リスニング】次の絵を見ながら英文を聞き，最も適する応答をA～Cから1つ選び，記号で答えなさい。 【4点×3】

(1)　　　　　　　　　　　(2)　　　　　　　　　　　(3)

(1)		(2)		(3)	

3 次の[　]内から適する語を選び，記号で答えなさい。 【3点×6】

(1) Aya and I [ア am　イ are　ウ is] in Class A.

(2) ①[ア Am　イ Are　ウ Is] this your dog?
　── ② Yes, [ア I　イ this　ウ it] is.

(3) [ア That　イ That's　ウ It] my bike.

(4) ①[ア Am　イ Are　ウ Is] that your mother?
　── ② No, [ア she's　イ it　ウ he's] not.

(1)		(2)①		②	
(3)		(4)①		②	

26

4 次の＿＿＿に適する語を入れなさい。　【4点×3】

(1) 私はオーストラリアの出身ではありません。
　　＿＿＿＿＿＿＿＿＿ ＿＿＿＿＿＿＿＿ from Australia.

(2) 彼は新入生ですか。
　　＿＿＿＿＿＿＿＿＿ ＿＿＿＿＿＿＿＿ a new student?

(3) あれはあなたの学校ですか。
　　＿＿＿＿＿＿＿＿＿ ＿＿＿＿＿＿＿＿ your school?

(1)			(2)	
(3)				

5 次の（　　）内の語を並べかえて日本語の意味を表す英文を完成させなさい。ただし，それぞれの選択肢には1語ずつ使わない語が含まれています。　【5点×2】

(1) グリーンさんは私たちの先生です。(Ms. Green / a / our / is / teacher).
(2) これはリンゴではありません。(a / an / this / apple / not / is).

(1)	
(2)	

6 瑛太は，英語の授業で自分の兄を紹介することになりました。左の日本語のメモに沿って，下線部に入る語句を書きなさい。　【6点×4】

① 写真を見せながら，兄を紹介。	(1) ＿＿＿＿＿＿＿＿＿＿ my brother.
② 名前を言う。	(2) ＿＿＿＿＿＿＿＿＿＿ Yuto.
③ サッカーがうまい。	(3) ＿＿＿＿＿＿＿＿＿＿ at soccer.
④ ぼくと兄はサッカーのファン。	(4) ＿＿＿＿＿＿＿＿＿＿ soccer fans.

(1)		(2)	
(3)		(4)	

7 次の下線部の日本文を英語にしなさい。　【8点×2】

A: (1)これは君のかばん？
B: いや，ちがうよ。見て，名前が書いてある。(2)それは，ヒロのかばんだね。

(1)	
(2)	

6 I play ～. / I don't play ～.（一般動詞の文）

攻略のコツ be動詞の文とのちがいを理解して，一般動詞の文をマスターしよう！

テストに出る！ **重要ポイント**

● be 動詞の文と一般動詞の文のちがい

● 英語の動詞には，be 動詞と一般動詞がある。
- ・be 動詞 ⇒ **am, are, is**（「主語＝それを説明する語」の関係）
  - （例）I **am** Kenji.（私は健二です。）主語 I ＝ Kenji の関係
- ・一般動詞 ⇒ **like, play, have** など。（動作や状態を表す）
  - （例）I **like** music.（私は音楽が好きです。）

● いろいろな一般動詞

● 「～が好きだ」は like，「（スポーツ）をする」「～を演奏する」は play で表す。
（例）I **play** soccer.（私はサッカーをします。）

have（～を持っている）	watch（～を見る）
speak（～を話す）	study（～を勉強する）
drink（～を飲む）	live（住んでいる）
eat（～を食べる）	read（～を読む）
go（行く）	come（来る）

● 一般動詞の否定文

● 一般動詞の前に **do not** を入れる。短縮形の don't が使われることが多い。また，are などの be 動詞はいっしょに使わない。
（例）I **do not[don't]** play the piano.（私はピアノを弾きません。）

Step 1 基礎力チェック問題

解答 ▶ 別冊 p.9

1 【be 動詞と一般動詞】
適する語句を[　　]内から選びましょう。

☑ (1) 私は野球選手です。
I [am / like / am like] a baseball player.

☑ (2) 私はバスケットボールをします。
I [am / play / am play] basketball.

☑ (3) あなたは新入生ですね。
You [are / have / are have] a new student.

☑ (4) あなたは日本食が好きなんですね。
You [are / like / are like] Japanese food.

☑ (5) 私たちは学校で英語を勉強します。
We [are / play / study] English at school.

 得点アップアドバイス

1

(1)(3) 「私[あなた]は～です。」は be 動詞を使った文。

一般動詞と be 動詞はいっしょに使わないよ。

2 【いろいろな一般動詞】
次の日本語の意味を表す英文になるように，[　　]に適する語を
右の□□の中から選んで書きましょう。ただし，同じ語は2度使
えません。

☑ (1) 私は夕食後に本を読みます。
I [　　　　　　] a book after dinner.

☑ (2) あなたは犬を飼っているんですね。
You [　　　　　] a dog.

☑ (3) 私は朝食にごはんを食べます。
I [　　　　　　] rice for breakfast.

☑ (4) 私たちは夜，テレビを見ます。
We [　　　　　] TV at night.

☑ (5) 彼らは福岡に住んでいます。
They [　　　　　] in Fukuoka.

☑ (6) あなたたちはバイオリンを弾きます。
You [　　　　　] the violin.

> eat
> have
> live
> play
> read
> watch

2 ‥‥‥‥‥‥‥

(3) for breakfast は「朝食に」の意味。

(4) at night は「夜に」の意味。

3 【be動詞と一般動詞の否定文】
次の英文を否定文にするとき，適する語を[　　]に書きましょう。

☑ (1) I like math.
→ I [　　　　　] not like math.

☑ (2) I'm a soccer fan.
→ I [　　　　　] not a soccer fan.

☑ (3) I play tennis on Sundays.
→ I [　　　] [　　　　　] play tennis on Sundays.

☑ (4) We go to school today.
→ We [　　　] [　　　　　] to school today.

3 ‥‥‥‥‥‥‥

(1) 一般動詞の否定文では，be動詞は使わない。

(2) be動詞の文。

4 【一般動詞の否定文】
適する語を[　　]に書きましょう。

☑ (1) 私は歩いて学校へ行きません。
I [　　　] [　　　　　] walk to school.

☑ (2) 彼らは日本語を話しません。
They [　　　　　] speak Japanese.

☑ (3) 私は朝食にコーヒーを飲みません。
I [　　　] [　　　　　] coffee for breakfast.

空所の数を見て，
短縮形を使うかど
うか考えるといい
よ。

1 ♪【リスニング】
(1)〜(3)の英文を聞いて，英文の内容に最も適する絵を選び，記号で答えましょう。

(1) [　　　] 　(2) [　　　] 　(3) [　　　]

ア　　　　　　　　イ  ウ

2 【適語補充】
適する語を [　　　] に書きましょう。

(1) 私はたいてい朝，緑茶を飲みます。
　　I usually [　　　　　　　] green tea in the morning.

よくでる (2) 私たちはジョーンズ先生が好きです。
　　We [　　　　　　　] Ms. Jones.

よくでる (3) その男の子たちは毎週日曜日に野球をします。
　　The boys [　　　　　　　] baseball on Sundays.

(4) 彼らは中国語を話しません。
　　They [　　　　　　] not [　　　　　　　] Chinese.

よくでる (5) 私はコンピューターを持っていません。
　　I [　　　　　] [　　　　　　　] a computer.

(6) 私たちはその歌を知りません。
　　We [　　　　　] [　　　　　　] the song.

3 【並べかえ】
次の(　　)内の語を並べかえて，日本文の意味を表す英文を書きましょう。ただし，文の最初にくる語も小文字で示してあります。

(1) 私は鳥を1羽飼っています。(have / I / a / bird).

_____.

よくでる (2) あなたはギターを弾きますね。(guitar / the / you / play).

_____.

(3) 私たちは，月曜日はテレビを見ません。
　　(watch / not / we / do / TV) on Mondays.

_____ on Mondays.

4 【条件英作文】

次の内容を英語で表すとき，何と言いますか。

ミス注意 (1) 「その生徒たちは自転車で学校に来ません。」と伝えるとき。

_____

(2) 誕生日にほしい物を聞かれて，「私は新しいかばんがほしい。」と答えるとき。

_____

5 【英作文】

次のメモは，ホストファミリーに英語でメールを書こうとしている春菜（Haruna）が書いたものです。メモの(1)～(3)の内容を伝える英文を書きましょう。

・名前：春菜
・年齢：13 歳
・(1)住んでいるところ：横浜(よこはま)
・スポーツ：テニス（テニス部）
・(2)兄弟姉妹：妹 1 人（理子）
・(3)毎日英語を勉強している。

Hi! I'm Haruna. I'm thirteen years old.

(1) _____

I play tennis. I'm on the tennis team.

(2) _____

Her name is Riko.

(3) _____

入試レベル問題に挑戦 ・・・・・・・・・・・・・・・・・・・・・・・・・・・・・・・・・・・・・・・

6 【適文選択】

次の会話について，空所に入る文として最も自然なものをア～エの中から 1 つ選び，記号に○をつけましょう。

A: You play the piano very well.

B: Thank you. ☐_____

> ア Yes, I am.　　　　イ I play soccer every day.
> ウ I play it every day.　エ You want a new bike.

🖐 **ヒント**

very well は「とても上手に」という意味。B は「ピアノが上手」とほめられてお礼を言っている。

Do you play ～？など

リンク
ニューコース参考書
中1英語
p.90～91
p.100～101

攻略のコツ 一般動詞の疑問文のつくり方と答え方をマスターしよう

テストに出る！**重要ポイント**

● 一般動詞の疑問文	● **Do** を文の最初におく。
	「あなたは～しますか。」は，**Do you ～?** の形になる。
	※ be 動詞の疑問文は Are, Is, Am で文を始める。
● 答え方	❶「はい」⇒ **Yes, ～ do.**
	❷「いいえ」⇒ **No, ～ don't.**（don't は do not の短縮形）
● some と any の 使い方	❶ **some**…あとに名詞の複数形(→ p.36)や数えられない名詞を 続けて，「いくつかの」「何人かの」の意味。
	❷ **any**…おもに否定文・疑問文で使われる。
	否定文：「1つ[1人]も～ない」（= no ～）の意味。
	疑問文：「いくつか[何人か]～」の意味。

Step 1 基礎力チェック問題

解答 ▶ 別冊p.10

1【be 動詞と一般動詞の疑問文】
適する語を[　]内から選びましょう。

☑ (1) ［ Are / Do ］ you a baseball player?
☑ (2) Yes, I ［ am / do ］. ((1)の答え)
☑ (3) ［ Are / Do ］ you study English every day?
☑ (4) No, I ［ am / do ］ not. ((3)の答え)

2【一般動詞の疑問文】
次の英文を疑問文にするとき，適する語を[　]に書きましょう。

☑ (1) You have a sister.
→［　　　　　　　　］ you have a sister?
☑ (2) They come to school on Saturdays.
→［　　　　　　　　］ they come to school on Saturdays?
☑ (3) You like milk.
→［　　　　　　　　］ you ［　　　　　　　　］ milk?
☑ (4) They play soccer.
→［　　　　　　　　］ they ［　　　　　　　　］ soccer?

得点アップアドバイス

1 ‥‥‥‥‥‥‥‥
一般動詞の疑問文
一般動詞の疑問文は Do を文の最初におく。
(1) ［　］のあとに一般動詞がないことに注意。

2 ‥‥‥‥‥‥‥‥

(2)(4) 主語が複数でも，一般動詞の疑問文は文の最初に Do をおく。

3 【some と any の使い方】
適する語を[　]に書きましょう。

☑(1)　あなたはかばんの中に何冊かの本を持っています。
You have [　　　　　] [　　　　　　　] in your bag.

☑(2)　あなたには姉妹が何人かいますか。
[　　　　　　　] you have [　　　　　] sisters?

☑(3)　私には兄弟が1人もいません。
I [　　　　　] have [　　　　　] brothers.

☑(4)　彼らはいくらか水をほしがっています。
They want [　　　　　] [　　　　　].

4 【疑問文と答え方】
適する語を[　]に書いて，対話文を完成させましょう。

☑(1)　あなたは毎日お母さんを手伝いますか。——はい，手伝います。
[　　　　　　　] you help your mother every day?
—— Yes, I [　　　　　].

☑(2)　あなたがたは埼玉に住んでいますか。——はい，住んでいます。
[　　　　　　　] you live in Saitama?
—— Yes, we [　　　　　].

☑(3)　彼らはフランス語を話しますか。——いいえ，話しません。
[　　　　　　　] they speak French?
—— No, they [　　　　　] not.

☑(4)　その男の子たちは放課後バスケットボールを練習しますか。
——はい，練習します。
[　　　　　　　] the boys practice basketball after school?
—— Yes, [　　　　　] [　　　　　].

5 【not ～ any …と no の使い方】
適する語を[　]に書きましょう。

☑(1)　私はペットを1匹も飼っていません。
I [　　　　　] have [　　　　　] pets.

☑(2)　私たちは今日英語の授業は1つもありません。
We have [　　　　　] English classes today.

☑(3)　彼らには時間がありません。
They [　　　　　] have [　　　　　] time.

得点アップアドバイス

3
(1)「何冊かの」のあとなので，「本」は複数形で表す。

「水」は数えられない名詞だよ。

4

Do ～？への答え方
do を使って，Yes, ～ do. や No, ～ don't. の形で答える。
(2)～(4)　主語が複数でも，一般動詞の疑問文は，最初に Do をおく。

(4)　主語が複数（the boys）の疑問文に答えるとき，答えの文の主語は they になる。

5

(1)(3)　not ～ any …で「1つも～ない」という意味。
(2)　1語で not ～ any …と同じ意味になる語を入れる。

Step 2 実力完成問題 解答 別冊p.11

---

1 ♪【リスニング】

AとBの英文を聞いて，それぞれの絵の内容に最も適するものを1つ選び，記号に○をつけましょう。

(1)

[　A　　B　]

(2)

[　A　　B　]

2 ♪【リスニング】

音声を聞いて，その内容に合うほうを選び，記号に○をつけましょう。

(1) 　ア　サムは日曜日に自分の部屋をそうじする。
　　イ　サムは日曜日に自分の部屋をそうじしない。

(2) 　ア　亜美は野球が好きだ。
　　イ　亜美は野球が好きではない。

3 【適語補充】

適する語を[　　]に書きましょう。

(1) あなたはペンを持っていますか。——はい，持っています。

[　　　　　] you [　　　　　　　] a pen?

—— Yes, [　　　　　] [　　　　　　].

✓よくでる (2) あなたは英語を話しますか。——いいえ，話しません。

[　　　　　] you [　　　　　　] English?

—— No, [　　　　　] [　　　　　　].

(3) 彼らは毎日テレビゲームをしますか。——はい，します。

[　　　　　] they [　　　　　　] video games every day?

—— Yes, they [　　　　　].

ミス注意 (4) あなたたちはサッカーが好きですか。——はい，好きです。

[　　　　　] you [　　　　　　] soccer?

—— Yes, [　　　　　] [　　　　　].

4 【並べかえ】

次の（　　）内の語句を並べかえて，日本文の意味を表す英文を書きましょう。ただし，それぞれの選択肢には使わない語句が１つずつ含まれています。

(1) あなたは腕時計がほしいですか。（ are / do / want / a watch / you ）?

_____

ハイレベル (2) 私たちは英語の本を１冊も持っていません。
（ don't / no / books / we / English / have / any ）.

_____

5 【英作文】

次の絵は，ブラウン先生（Mr. Brown）と生徒が会話している場面です。それぞれの場面のふきだしの内容に合うように，質問の英文を書きましょう。

(1)

Student: _____

Mr. Brown: No, I don't. I don't drive.

(2)

車で通勤していますか？

日本食は好きですか？

Student: _____

Mr. Brown: Yes, I do. I like sushi and *soba*.

日本食：Japanese food

入試レベル問題に挑戦

6 【条件英作文】

あなたは，学校新聞の記事を書くために，留学生のケイト（Kate）にインタビューをすることになりました。次のようなとき，英語でどのように言いますか。

(1) 日本の文化が好きかどうかをたずねるとき。

_____

(2) ピアノを弾くかどうかをたずねるとき。

_____

ヒント

Do you ～? でたずねる。　　(1) 「日本の文化」は Japanese culture。

複数形・数

リンク
ニューコース参考書
中1英語
p.94〜99

攻略のコツ 名詞を複数形にするときの規則を覚えておこう！

テストに出る！ **重要ポイント**

● 名詞の単数形と
　複数形

❶ 人や物の名前を表す語を名詞と言う。

❷ 単数形：数が1つ ⇒ a[an / one] 〜。（例）a pen
（1本のペン）

❸ 複数形：数が2つ以上 ⇒ **名詞の複数形を使う。**（例）two pens
（2本のペン）

● 複数形のつくり方

❶ s をつける：books, dogs, cats

❷ es をつける：buses, classes, boxes
▲ -x, -s, -ch, -sh などで終わる名詞

❸ y を i にかえて es：city → cities, country → countries
▲〈子音字＋y〉で終わる名詞

❹ 形がかわる：child → children, woman → women
※**数えられない名詞**（soccer, water, math, Japan など）は複数形にならない。

● 複数形の s, es 発音

❶ [s ス]：cups, desks, bikes

❷ [z ズ]：chairs, girls, cities

❸ [iz イズ]：buses, watches, boxes

● 数を表す語と使い方

❶ 年齢：thirteen years old（13歳）

❷ 値段：thirty dollars（30ドル）, one hundred yen（100円）

❸ 時刻：It's two forty.（2時40分です。）

Step 1　基礎力チェック問題

解答 別冊p.12

1 【名詞の複数形】
次の語の複数形を [　　] に書きましょう。

☑ (1) bike　[　　　　]
☑ (2) glass　[　　　　]
☑ (3) city　[　　　　]
☑ (4) boy　[　　　　]
☑ (5) child　[　　　　]
☑ (6) man　[　　　　]

2 【複数形の発音】
次の左の語と下線部の発音が同じものを選びましょう。

☑ (1) girls　（ア　books　イ　sisters　ウ　boxes）
☑ (2) desks　（ア　dogs　イ　caps　ウ　boys）
☑ (3) classes　（ア　dishes　イ　bikes　ウ　countries）

得点アップアドバイス

1
(3)〈子音字＋y〉で終わる語。
(4) y の前は母音字。
(5)(6) s, es をつけて複数形にする語ではない。

2
(2) desks の s は [s] と発音。
(3) classes の es は [iz] と発音。

3 【名詞の複数形】

次の（　　）内の語を適する形に直して, [　　]に書きましょう。

- ☑ (1) Five [　　　　　　　] are in the classroom.（student）
- ☑ (2) Eri and Yuri are my [　　　　　　　].（sister）
- ☑ (3) Are these your [　　　　　　　]?（notebook）
- ☑ (4) Those are not [　　　　　　　].（table）
- ☑ (5) They are [　　　　　　　].（box）
- ☑ (6) Are these [　　　　　　　]?（potato）
- ☑ (7) They are not old [　　　　　　　].（story）
- ☑ (8) We need two [　　　　　　　] of milk.（glass）

4 【複数形の文】

適する語句を [　　]内から選びましょう。

- ☑ (1) 美奈と私はよい友達です。
  Mina and I are good [friend / a friend / friends].
- ☑ (2) それらは私のペンです。
  Those are my [pen / a pen / pens].
- ☑ (3) ニックとトムはブラウンさんの子どもです。
  Nick and Tom are Mr. Brown's [child / children / a child].
- ☑ (4) 3匹の犬が庭にいます。
  Three dogs [am / are / is] in the garden.
- ☑ (5) これらはあなたの写真ですか。――はい, そうです。
  [Am / Are / Is] these your pictures?
  ―― Yes, [it / this / they] are.

5 【数を表す語】

次の数を英語で書きましょう。

- ☑ (1) 1 [　　　　　　　]
- ☑ (2) 2 [　　　　　　　]
- ☑ (3) 3 [　　　　　　　]
- ☑ (4) 4 [　　　　　　　]
- ☑ (5) 5 [　　　　　　　]
- ☑ (6) 6 [　　　　　　　]
- ☑ (7) 7 [　　　　　　　]
- ☑ (8) 8 [　　　　　　　]
- ☑ (9) 9 [　　　　　　　]
- ☑ (10) 10 [　　　　　　　]
- ☑ (11) 11 [　　　　　　　]
- ☑ (12) 12 [　　　　　　　]
- ☑ (13) 13 [　　　　　　　]
- ☑ (14) 15 [　　　　　　　]
- ☑ (15) 20 [　　　　　　　]
- ☑ (16) 31 [　　　　　　　]

⚡得点アップアドバイス

3 ....

名詞の複数形

名詞の語尾によって, s, es のつけ方がかわる。

(3)(6) these は this の複数形。

(4) those は that の複数形。

(6) potato は「ジャガイモ」という意味。

(7) story は「物語」という意味。〈子音字＋y〉で終わる語。

(8) a glass of ～で「グラス1杯の～」という意味。

4 ....

(3) 「子ども」は不規則に変化する名詞。

be 動詞（現在形）の使い分け

主語	be 動詞
I	am
you	are
複数	are
3人称単数	is

5 ....

31 は, 「30」と「1」をハイフン (-) でつなげて表すよ。

1 ♪【リスニング】
(1)と(2)の英文を聞いて，A～Cから絵の内容に最も適するものを1つずつ選び，記号に
○をつけましょう。

(1)[　A　B　C　]
(2)[　A　B　C　]

2 【語形変化】
次の語を複数形にしましょう。

✓よくでる (1)　bus（バス）　　[　　　　　　]　(2)　library（図書館）　[　　　　　　]
(3)　watch（腕時計）　[　　　　　　]　(4)　woman（女性）　[　　　　　　]
(5)　child（子ども）　[　　　　　　]　(6)　tooth（歯）　[　　　　　　]

3 【適語選択】
次の日本語の意味を表す英文になるように，[　　　]に適する語を右の□□の中から選ん
で書きましょう。

(1)　このTシャツは700円ですか。
　　　Is this T-shirt [　　　　　　] hundred yen?
ミス注意 (2)　今，東京は4時30分です。
　　　It's [　　　　][　　　　　　] in Tokyo now.
(3)　私の弟は8歳です。
　　　My brother is [　　　　　] years old.

eight
seven
four
thirty

4 【適語補充】
適する語を[　　　]に書きましょう。

(1)　あれらは私の父の車です。
　　　Those [　　　　　　] my father's [　　　　　].
(2)　水を1杯ください。
　　　A glass of [　　　　　], please.
(3)　これらはあなたのCDですか。
　　　[　　　　　] these your [　　　　　]?

5 【並べかえ】
次の（　　）内の語を並べかえて，日本文の意味を表す英文を書きましょう。ただし，文の最初にくる語も小文字で示してあります。

(1) それらはあなたの箱ですか。
（ boxes / they / are / your ）?

_____

(2) これらは私の父のコンピューターです。
（ father's / these / computers / are / my ）.

_____

6 【適語補充】
次の絵を見て，ふきだしの日本語に合うように，英文を完成させましょう。

(1) [　　　　　　　] hamburgers, please.

ハイレベル (2) [　　　　　　　] [　　　　　　　] of coffee, please.　　　　　　〜杯：cup

(3) It's [　　　　　　　] hundred yen.

入試レベル問題に挑戦

7 【和文英訳】
次の下線部の日本語を英語にしましょう。

A: あなたたちってよく似ているわね。①あなたたちは兄弟？
B: いや，ちがうんだ。②ぼくたちはいとこなんだ。

① _____

② _____

ヒント
① 「あなたたちは兄弟ですか。」の意味で，複数形で表す。　② 「いとこ」は cousin。

9 can の文

リンク
ニューコース参考書
中1英語
p.104〜109

攻略のコツ can を使った文の意味や否定文・疑問文のつくり方を覚えておこう！

テストに出る! 重要ポイント

● **can（〜できる）の文**	● 動詞の前に **can** を入れる。あとに動詞を続ける。 （例）He **can play** the piano.（彼はピアノが弾けます。）
● **can の否定文**	● 動詞の前に **cannot** または **can't** を入れる。 （例）He **cannot** play the piano.（彼はピアノを弾けません。）
● **can の疑問文**	❶ **Can** で文を始める。 （例）**Can** he play the piano?（彼はピアノが弾けますか。） ❷ 答え方：「はい」 ⇒ Yes, 〜 can. 　　　　　「いいえ」⇒ No, 〜 can't[cannot].
● **Can I 〜 ?**	● 相手に許可を求めて「〜してもいいですか。」という意味。
● **Can you 〜 ?**	❶ 相手に依頼して「〜してくれますか。」という意味。 ❷ 応じ方： OK. / Sure. / All right.（いいですよ。） 　　　　　I'm sorry. / Sorry.（すみません。）

Step 1 基礎力チェック問題

解答 別冊 p.13

1 【can の文】
適する語を [　] に書きましょう。

☑(1) 私はピアノを弾くことができます。
I [　　　　　] [　　　　　　　] the piano.

☑(2) 私の姉はとても上手に料理をすることができます。
My sister [　　　　　] [　　　　　] very well.

☑(3) ジョンは日本語を話すことができます。
John [　　　　　] [　　　　　] Japanese.

☑(4) その子どもたちはコンピューターを使うことができます。
The children [　　　　　] [　　　　] computers.

☑(5) 私たちは速く泳ぐことができます。
We [　　　　] [　　　　] fast.

☑(6) 私の兄は車の運転ができます。
My brother [　　　　] [　　　　].

得点アップアドバイス

1 ....
can の文
　「〜できる」と言うときは，can を動詞の前に入れる。
(2) 「料理をする」はcook で表す。

2 【can の否定文】
適する語を [　　] 内から選びましょう。

☑ (1) 私は納豆を食べることができません。
I [am not / don't / cannot] eat *natto*.

☑ (2) 私たちは今日，あなたを訪ねることができません。
We [aren't / don't / can't] visit you today.

☑ (3) 亜紀は上手に写真を撮ることができません。
Aki can't [take / is taking / taking] good pictures.

☑ (4) その赤ん坊は歩くことができません。
The baby cannot [walk / is walking / walking].

☑ (5) あなたたちは今，この部屋を使うことができません。
You [don't / aren't / can't] use this room now.

3 【can の疑問文と答え方】
次の対話文があとの日本語の意味を表すように，[　　] に適する語を書きましょう。

☑ (1) [　　　　　　　　] you write this *kanji*?
—— Yes, I can.
（あなたはこの漢字を書けますか。——はい，書けます。）

☑ (2) [　　　　　　　　] Mr. Brown read books in Japanese?
—— No, he [　　　　　].
（ブラウンさんは日本語の本を読めますか。
——いいえ，読めません。）

☑ (3) [　　　　　　　　] they climb that mountain?
—— Yes, they [　　　　　].
（彼らはあの山を登れますか。——はい，登れます。）

☑ (4) Can you come here by ten o'clock?
—— No, I [　　　　　].
（10 時までにここに来られますか。——いいえ，来られません。）

4 【can を用いた表現】
次の英文を日本語になおしましょう。

☑ (1) Can I use your bike? —— Sure.
（　　　　　　　　　　　　　　　　）——いいですよ。

☑ (2) Can you help me? —— All right.
（　　　　　　　　　　　　　　　　）——いいですよ。

☑ (3) Can you make a cake? —— Yes, I can.
（　　　　　　　　　　　　　　　　）——はい，作れます。

得点アップアドバイス

2
can の否定文
　can の否定文（〜できない）は cannot[can't] を動詞の前に入れる。

3
can の疑問文には can か can't [cannot] で答えるよ。

4
許可や依頼の Can 〜?
・Can I 〜? →許可を求めるときに使う。
・Can you 〜? →相手に依頼するときに使う。

(2)(3) Can you 〜? は，能力・可能を表す意味と，相手に依頼する意味がある。

1 ♪【リスニング】

(1)と(2)の英文を聞いて，A～Cから絵の内容に最も適するものを1つずつ選び，記号に
○をつけましょう。

(1)[A B C] (2)[A B C]

2 【適語補充】

適する語を[　]に書きましょう。

(1)　私たちは英語の歌を歌うことができません。
　　　We [　　　　　] [　　　　　　　　] English songs.

✓よくでる (2)　ジェフはギターを上手に弾くことができます。
　　　Jeff [　　　　　] [　　　　　　　] the guitar well.

(3)　あなたのお母さんはそこへ私たちといっしょに行けますか。
　　　[　　　　　　　] your mother [　　　　　　] there with us?

✓よくでる (4)　ここで水を飲んでもいいですか。
　　　[　　　　] [　　　　　　] drink water here?

3 【対話文完成】

適する語を[　]に入れて，対話文を完成させましょう。

✓よくでる (1)　私たちにそのことについて話をしてくれますか。――いいですよ。
　　　[　　　　　] [　　　　　　　　] tell us about it?
　　　―― All right.

(2)　お茶をいくらかいただけますか。――もちろん。はい，どうぞ。
　　　[　　　　　] [　　　　　　　] get some tea?
　　　―― Sure. Here you are.

ミス注意 (3)　私たちは7時までここに滞在することができますか。――すみませんが，できません。
　　　[　　　　　] [　　　　　　　] stay here until seven o'clock?
　　　―― Sorry, you can't.

4 【並べかえ】
次の（　）内の語句を並べかえて，日本文の意味を表す英文を書きましょう。ただし，それぞれの選択肢には使わない語が1つずつ含まれています。

(1) 私は早起きできません。(early / I / am / get up / can't).

_____ .

(2) あなたは速く走れますか。(you / fast / run / are / can)?

_____ ?

5 【英問英答】
次の絵の内容に合うように，下の質問に英語で答えましょう。

(1) 弘樹の兄
(Hiroki's brother)

弘樹の兄　運転できる

(2) 優子（Yuko）

優子　英語を話せる

(1) Can Hiroki's brother drive?

_____

(2) What language can Yuko speak?

_____

入試レベル問題に挑戦

6 【条件英作文】
次のようなとき，英語ではどのように言いますか。can を使って，英語で書きましょう。

ハイレベル (1) 宿題を手伝ってもらえるように相手に依頼するとき。

_____

(2) 窓を開けてもよいか相手に許可を求めるとき。

_____

 ヒント
(1) 「(私の)宿題を手伝う」は help my homework とは言わないことに注意。

10 命令文

攻略のコツ それぞれの命令文の表し方のちがいに気をつけよう！

テストに出る！ **重要ポイント**

● 「〜しなさい，
〜してください」
❶ ふつうの命令文…主語を使わず，動詞で文を始める。
❷ be動詞の命令文…**Be 〜.** の形。be は am, are, is の原形。
❸ please…「どうぞ（〜してください）」と命令の調子をやわらげるときに使う。
文の最初にも最後にもつけることができる。

● 「〜してはいけません」
❶ 文の最初に **Don't** をおいて，あとに動詞の原形を続ける。
❷ be動詞の場合は，Don't be 〜. の形。

● 「〜しましょう」
● 文の最初に **Let's** をおいて，あとに動詞を続ける。

● 命令文への応じ方
❶ 「〜しなさい」などの指示に対して

All right. / OK.（わかりました。）/ Sure.（もちろん。）
Sorry, I can't.（すみませんが，できません。）

❷ 「〜してください」などの申し出に対して

Thank you.（ありがとう。）
No, thank you.（いいえ，結構です。）

Step 1 基礎力チェック問題

解答▶ 別冊p.14

1 【いろいろな命令文】
[ ] に適する語を右の □ の中から選んで書きましょう。ただし，文の最初にくる語も小文字で示してあります。

☑ (1) ここでは日本語を話しなさい。
[   ] Japanese here.

☑ (2) 窓を開けてください。
[   ] the window, please.

☑ (3) 京子，この本を読みなさい。
Kyoko, [   ] this book.

☑ (4) 健二，注意しなさい。
[   ] careful, Kenji.

☑ (5) あなたのお母さんを手伝いなさい。
[   ] your mother.

```
be
help
open
read
speak
```

得点アップアドバイス

1 ……………………
命令文の形
命令文は，主語を省略して，動詞の原形で文を始める。

(4) careful は形容詞。形容詞の前に be 動詞がくる。

2 【いろいろな命令文】
適する語を[　　]内から選びましょう。

☑ 得点アップアドバイス

2
(1) 「～しましょう。」と誘う文。

(3) 「～してください」と命令の調子をやわらげる語を入れる。

☑ (1) 学校へ行きましょう。
　　 [Please / Let's / Don't] go to school.
☑ (2) ここでサッカーをしてはいけません。
　　 [Please / Let's / Don't] play soccer here.
☑ (3) 私の辞書を使ってください。
　　 [Please / Let's / Don't] use my dictionary.
☑ (4) 静かにしてください。
　　 [Don't / Let's / Be] quiet, please.
☑ (5) こわがらないでください。
　　 [Not / Isn't / Don't] be afraid.

(4) quiet は形容詞だから，前にくるのは…？

3 【いろいろな命令文】
次の英文を日本語になおしましょう。

3
(2) この Ichiro は呼びかけの語。
(3) Don't ～. は「～してはいけない」という禁止の意味を表す。
(4) in English は「英語で」の意味。

☑ (1) Let's play tennis.
　　 (　　　　　　　　　　　　　　　)
☑ (2) Ichiro, be a good boy.
　　 (　　　　　　　　　　　　　　　)
☑ (3) Don't swim in this river.
　　 (　　　　　　　　　　　　　　　)
☑ (4) Please write in English.
　　 (　　　　　　　　　　　　　　　)
☑ (5) Use my computer.
　　 (　　　　　　　　　　　　　　　)

4 【命令文への応じ方】
次の命令文に適する応答の文を選びましょう。

4

(1) Thank you. は「ありがとう。」という意味。

(2) No, thank you. は「いいえ，結構です。」と断るときに用いる。

☑ (1) Use my eraser.
　　 [ア　Thank you.　　　　イ　No, I don't.]
☑ (2) Don't run.
　　 [ア　All right.　　　　イ　No, thank you.]
☑ (3) Please come here, George.
　　 [ア　All right.　　　　イ　No, I don't.]
☑ (4) Let's go to the library.
　　 [ア　Thank you.　　　　イ　Sure.]

1 ♪【リスニング】
(1)と(2)の英文を聞いて，係員に声をかけられている人物を探し，記号で答えましょう。

(1)[   ] (2)[   ]

2【適語補充】
適する語を[   ]に書きましょう。

(1) ジェーン，私のかさを使ってください。

Jane, [   ] use my umbrella.

✓よくでる (2) ここで走ってはいけません。

[   ] run here.

ミス注意 (3) みんなにやさしくしなさい。

[   ] nice to everyone.

(4) バスに乗りましょう。

[   ] take a bus.

(5) 注意しなさい，美奈。

[   ] careful, Mina.

3【並べかえ】
次の(   )内の語句を並べかえて，日本文の意味を表す英文を書きましょう。ただし，それぞれの選択肢には使わない語が1つずつ含まれています。

✓よくでる (1) 由美，あの鳥を見て。

(look at / you / bird / that), Yumi.

_____, Yumi.

(2) その窓を開けてはいけません。

(window / not / don't / open / the).

_____

4 【適文選択】
適する応答文を選び，記号に○をつけましょう。

(1) Be kind to small children.
　　［ ア　OK.　　　　　　　イ　No, thank you. ］
(2) Let's go shopping.
　　［ ア　Thank you.　　　　イ　Sure. ］
(3) Don't use this computer.
　　［ ア　Sorry, I can't.　　　イ　All right. ］

5 【条件英作文】
美紀とお母さんは出かけるので，ホームステイをしているメイに伝言を残すことにしました。次のメモの内容に合うように，英文を書きましょう。

> メイへ
> (1)宿題をやりなさい。
> (2)テーブルの上のサンド
> 　　イッチを食べてね。
> (3)テレビは見ちゃダメよ。

(1) _____

(2) _____

_____

(3) _____

サンドイッチ：sandwiches

テーブルの上の：on the table

6 【条件英作文】
次のようなとき，英語ではどのように言いますか。

(1) 英語の勉強をしようと誘うとき。

_____

(2) ここは飲食はだめだと禁止するとき。

_____

飲食する：eat or drink

入試レベル問題に挑戦 ┈┈┈┈┈┈┈┈┈┈┈┈┈┈┈┈┈┈┈┈┈┈┈┈┈┈

7 【英作文】
次の絵の内容を表す英文を書きましょう。

_____

ヒント

絵が表しているのは「泳いではいけません。」ということ。

定期テスト予想問題 ②

出題範囲：一般動詞の文，複数形・数，can，命令文

1 ♪【リスニング】次の絵に関するAとBの英文を聞いて，絵の内容に合うほうを選び，記号で答えなさい。 【5点×2】

(1)		(2)	

2 ♪【リスニング】次の絵を見ながら英文を聞き，最も適する応答をA〜Cから1つ選び，記号で答えなさい。 【5点×3】

(1)		(2)		(3)	

3 次の[ ]内から適する語句を選び，記号で答えなさい。 【5点×4】

(1) I have two [ア child イ children ウ a children].

(2) We have six [ア class イ a class ウ classes] today.

(3) I [ア am not イ don't ウ can't] like green peppers.

(4) [ア You イ Do ウ Be] brave, Sam. You can do it.

green pepper：ピーマン
brave：勇敢な

(1)		(2)		(3)		(4)	

4 次の英文の＿＿に適する語を入れて，対話文を完成させなさい。　【6点×3】

(1)　*A:* Do you wash the dishes every day, Lisa?
　　B: Yes, ＿＿＿＿ ＿＿＿＿.
(2)　*A:* David, can your sister play basketball well?
　　B: Yes, ＿＿＿＿ ＿＿＿＿.
(3)　*A:* Excuse me. ＿＿＿＿ ＿＿＿＿ use your pen?
　　B: Sure. Here you are.

(1)			(2)	
(3)				

5 次の（　）内の語を並べかえて，日本文の意味を表す英文を完成させなさい。<u>ただし，それぞれの選択肢には1語ずつ使わない語が含まれています。</u>　【7点×2】

(1)　ここで走らないでください。(here / run / don't / can't), please.
(2)　何か質問はありますか。(questions / you / do / have / any / for)?

(1)		, please.
(2)		?

6 次の亜美 (Ami) とクリス (Chris) の対話文を読んで，あとの問いに答えなさい。　【計23点】

Ami : Chris, do you like music?
Chris: Yes, I do.
　　　①(can / I / piano / play / the), but I can't sing well.
Ami : (　②　) worry, Chris.
　　　I can't sing well, either.

either：～も（ない）

(1)　①の（　）内の語を正しく並べかえて書きなさい。　(8点)
(2)　②の（　）に1語入れて，「気にしないで」という意味の文を作りなさい。　(7点)
(3)　亜美とクリスができないと言っていることは何ですか。日本語で答えなさい。　(8点)

(1)		, but I can't sing well.
(2)		
(3)		

49

リンク
ニューコース参考書
中1英語
p.120〜125

11 He plays 〜. / He doesn't play 〜. (3人称単数現在)

攻略のコツ 主語が3人称単数のときの一般動詞の形に注意しよう！

テストに出る！ 重要ポイント

● **3人称単数** ● I（1人称）や you（2人称）以外の1人の人や1つの物を3人称単数という。
- ・1人の男性（my brother, Mr. Brown など）⇒ **he**
- ・1人の女性（my mother, Ms. Jones など）⇒ **she**
- ・1つの物・動物（this book, my cat など）⇒ **it**

● **主語が3人称単数のときの一般動詞の形** ● 一般動詞の語尾に **s** または **es** をつける。

s をつける：like → like**s**, play → play**s**
es をつける：go → go**es**, watch → watch**es**
▲ -o, -s, -x, -ch, -sh で終わる一般動詞
y を i にかえて es：study → stud**ies**, carry → carr**ies**
▲〈子音字+y〉で終わる一般動詞

（例外）have → **has**

● **主語が3人称単数の一般動詞の否定文** ● 動詞の前に does not を入れ、動詞は s のつかない形（原形）にする。does not の短縮形は doesn't。
（例）He **doesn't** like dogs.（彼は犬が好きではありません。）

Step 1　基礎力チェック問題

解答 ▶ 別冊 p.16

1 【一般動詞の文】
適する語を [　] 内から選びましょう。

- ☑ (1) My sister [want / wants] a new bike.
- ☑ (2) He [know / knows] my brother.
- ☑ (3) My father and mother [come / comes] home around seven.
- ☑ (4) They [use / uses] this car every day.
- ☑ (5) She [like / likes] dogs very much.

2 【動詞の s, es の発音】
下線部の発音がほかと異なる語を選びましょう。

- ☑ (1) ア makes イ likes ウ sings エ helps
- ☑ (2) ア goes イ watches ウ teaches エ uses
- ☑ (3) ア plays イ knows ウ runs エ speaks

得点アップアドバイス

1
3人称単数のときの s, es のつけ方

動詞の語尾	つけ方
ふつう	s
o, s, ch, sh など	es
子音字+y	y → ies

* play のように y の前が母音字（a, i, u, e, o）の場合はそのまま s をつける。

2
s, es の発音
① [s ス] help**s**
② [z ズ] goe**s**
③ [iz イズ] use**s**

3 【一般動詞の形】
適する語を [　] に書きましょう。

☑ (1) 私たちは京都に住んでいます。
We [　　　　　　] in Kyoto.

☑ (2) 私は毎日サッカーをします。
I [　　　　　　] soccer every day.

☑ (3) ニックは学校へ歩いていきます。
Nick [　　　　　　] to school.

☑ (4) 私の母は朝食前にテレビを見ます。
My mother [　　　　　　] TV before breakfast.

☑ (5) 緑は夕食後に皿を洗います。
Midori [　　　　　　] the dishes after dinner.

☑ (6) 彼はネコを1匹飼っています。
He [　　　　　　] a cat.

4 【一般動詞の否定文】
次の英文を否定文にするとき，適する語を [　] に書きましょう。

☑ (1) They play soccer.
→ They [　　　　　　] [　　　　　　] soccer.

☑ (2) My uncle lives in Australia.
→ My uncle [　　　　　　] not [　　　　　　] in Australia.

☑ (3) Mr. Sato wants a big house.
→ Mr. Sato [　　　　　　] [　　　　　　] a big house.

☑ (4) Jack and Nick speak French.
→ Jack and Nick [　　　　　　] [　　　　　　] French.

☑ (5) She teaches math at a high school.
→ She [　　　　] [　　　　　　] math at a high school.

5 【一般動詞の否定文】
適する語を [　] に書きましょう。

☑ (1) 私たちはこの教室を使いません。
We [　　　　] [　　　　　　] this classroom.

☑ (2) 彼には姉妹が1人もいません。
He [　　　　] [　　　　　　] any sisters.

☑ (3) 優香はあまり魚が好きではありません。
Yuka [　　　　] [　　　　　　] fish very much.

☑ (4) 私の姉はレストランで働いていません。
My sister [　　　　] [　　　　　　] at a restaurant.

得点アップアドバイス

3
一般動詞の現在形

主語	一般動詞
I	play
you	play
複数	play
3人称単数	plays

(5) 「〜を洗う」は wash。s のつけ方に注意。

(6) 「〜を飼っている」は「〜を持っている」と考える。不規則な変化に注意。

4

(1) 3人称単数以外の主語の場合，一般動詞の否定文は，動詞の前に do not[don't] を入れる。

(4) 主語は複数。

空所の数から，do not や does not の短縮形を入れよう。

1 ♪♪ 【リスニング】

次の絵はサム(Sam)の家族のふだんの日曜日のようすを表しています。(1)と(2)の英文を聞いて，次の絵からサムとニック (Nick) を選び，記号で答えましょう。

(1)　サム [　　　　]　　(2)　ニック [　　　　　]

2 【語形変化】

次の [　　] に (　　) 内の語を適する形にかえて入れ，正しい英文を完成させましょう。

✔よくでる (1)　This man [　　　　　　　] near my house.　(live)

(2)　My mother [　　　　　　　] a cake on my birthday every year.　(make)

ミス注意 (3)　Sarah [　　　　　　　] this TV program every Monday.　(watch)

(4)　Mr. Okada [　　　　　　　] English at this school.　(teach)

(5)　The plane [　　　　　　　] to New York.　(fly)

✔よくでる (6)　He [　　　　　　　] some books in his bag.　(have)

3 【適語補充】

適する語を [　　] に書きましょう。

(1)　私の兄はピアノをとても上手に演奏します。

My brother [　　　　　　　] the piano very well.

(2)　絵里のおばは中国語を話します。

Eri's aunt [　　　　　　　] Chinese.

ミス注意 (3)　凛とゆずは電車で学校に来ます。

Rin and Yuzu [　　　　　　　] to school by train.

ミス注意 (4)　佐藤さんは毎日フランス語を勉強しています。

Ms. Sato [　　　　　　　] French every day.

(5)　ニックは日本食を食べません。

Nick [　　　　　　] [　　　　　　　] Japanese food.

(6)　リサはよく友達と公園へ行きます。

Lisa often [　　　　　　　] to the park with her friends.

4 【並べかえ】
次の（　　）内の語を並べかえて，日本文の意味を表す英文を書きましょう。<u>ただし，それぞれの選択肢には1語ずつ使わない語が含まれています。</u>

(1) 私の弟は朝食前に宿題をします。
（ do / does / brother / my / his / homework ）before breakfast.

_____ before breakfast.

(2) ダンはペットを1匹も飼っていません。
Dan（ not / does / pets / is / have / any ）.

Dan _____ .

5 【英作文】
次の絵は，健（Ken）が帰宅してからのふだんの行動を表しています。絵の内容に合うように，（例）を参考にして，健の行動を表す英文を書きましょう。

（例）　Ken comes home at six.

(1) _____

(2) _____

(3) _____

入試レベル問題に挑戦

6 【同意文完成】
次の英文は，雅人が書いた横田先生についての紹介文です。(1)(2)の英文をほぼ同じ意味を表す文になるように，[　　]に適する語を書きましょう。

This is Ms. Yokota. (1)<u>She is our music teacher.</u> She lives near my house. She likes sports. (2)<u>She's a very good soccer player.</u>

(1) She [　　　　　　] [　　　　　　] to us.
(2) She [　　　　　　] [　　　　　　] very [　　　　　　].

💡 ヒント
「音楽の教師」は「音楽を教える」に，「とても上手なサッカー選手」は「サッカーをとても上手にする」にかえて表すことができる。

12 Does he play 〜？など

攻略のコツ 主語が3人称単数のときの，一般動詞の疑問文の形をマスターしよう！

テストに出る！ 重要ポイント

● **主語が3人称単数の一般動詞の疑問文**
　● **Does** を文の最初において，**Does 〜？** の形にする。
　　動詞は原形（もとの形）にする。
　　（例）**Does** he like dogs?（彼は犬が好きですか。）

● **答え方**
　❶「はい」 ⇒ **Yes, 〜 does.**
　❷「いいえ」⇒ **No, 〜 doesn't.**（doesn't = does not）
　※疑問文の主語が your father, my sister, the dog のような場合，答えの文では主語を代名詞(he, she, it)にかえる。

Step 1　基礎力チェック問題

解答▶ 別冊p.18

1 【一般動詞の疑問文】
適する語を[　　]内から選びましょう。

☑(1)　[Are / Do / Does] you speak Chinese?
☑(2)　[Is / Do / Does] Mr. Yabe drive a car?
☑(3)　[Are / Do / Does] they get up early?
☑(4)　[Are / Do / Does] Yumi and Yoko play the guitar?
☑(5)　[Is / Do / Does] Kumi know Naoki?

2 【主語が3人称単数の一般動詞の疑問文】
次の英文を疑問文にするとき，適する語を[　　]に書きましょう。

☑(1)　Yuta likes math.
　→[　　　　　　　] Yuta like math?
☑(2)　Mr. Smith wants a bike.
　→[　　　　　　　] Mr. Smith want a bike?
☑(3)　She helps her mother every day.
　→[　　　　　] she [　　　　　　　] her mother every day?
☑(4)　He studies French at high school.
　→[　　　　　] he [　　　　　　] French at high school?
☑(5)　Kai's father has an old car.
　→[　　　　　] Kai's father [　　　　　] an old car?

得点アップアドバイス

1
(1)　主語が you の場合，一般動詞の疑問文は Do で始める。
(2)(5)　主語は3人称単数。
(3)(4)　主語は複数。

2
主語が3人称単数の疑問文
　主語が3人称単数の疑問文は，Does で文を始める。動詞は原形（s のつかないもとの形）になる。

(5)　has は have の3人称単数現在形。

3 【一般動詞の疑問文と答え方】
適する語を [　　] に書いて，対話文を完成させましょう。

- (1) *A:* Does Ms. Brown swim fast?
  B: Yes, [　　　　　] [　　　　　].
- (2) *A:* Does your father cook?
  B: Yes, [　　　　　] [　　　　　].
- (3) *A:* Do they run in the park every day?
  B: Yes, [　　　　　] [　　　　　].
- (4) *A:* Does this bus go to the station?
  B: Yes, [　　　　　] [　　　　　].

4 【一般動詞の疑問文と答え方】
適する語を [　　] 内から選びましょう。

- (1) *A:* [Do / Does] you [watch / watches] TV every day?
  B: Yes, I [do / does].
- (2) *A:* [Do / Does] your brother [do / does] his homework with you?
  B: Yes, he [do / does].
- (3) *A:* [Do / Does] this girl [play / plays] basketball very well?
  B: Yes, she [do / does].
- (4) *A:* [Do / Does] your sister [go / goes] to high school?
  B: No, she [don't / doesn't]. She is a college student.

5 【主語が 3 人称単数の一般動詞の疑問文と答え方】
適する語を [　　] に書きましょう。

- (1) あなたのお母さんは毎日コンピューターを使いますか。
  ——はい，使います。
  [　　　　　　　] your mother [　　　　　　　] a computer every day?
  —— Yes, [　　　　　] [　　　　　].
- (2) 石田先生は国語を教えていますか。
  ——いいえ，教えていません。彼は英語を教えています。
  [　　　　　] Mr. Ishida [　　　　　　] Japanese?
  —— No, [　　　　] [　　　　].
  He [　　　　　] English.

得点アップアドバイス

3

(1) **答えの文の主語**
　質問の文の Ms. Brown は 1 人の女性を表す。答えの文では適する代名詞を使って答えるので，she を用いる。

(2) your father は 1 人の男性をさす。

(4) this bus は物なので，答えの文では「それ」を表す語で受ける。

4

(1) 主語が何であっても疑問文では，動詞は s がつかない形を用いる。
(2)〜(4) 主語が 3 人称単数の疑問文。動詞は原形にする。

5

答えの文では，空所の数を見て短縮形を入れるかどうか考えよう。

Step 2　実力完成問題

---

1 ♪【リスニング】
(1)と(2)の英文を聞いて，ＡとＢから絵の内容に適するほうを選び，記号に○をつけましょう。

(1) [　A　　B　]　(2) [　A　　B　]

2 【適語補充】
適する語を[　　]に書きましょう。

✔よくでる (1) あなたのお姉さんはフルートを演奏しますか。——はい，します。
[　　　　　　] your sister [　　　　　　] the flute?
—— Yes, she [　　　　　　].

(2) あなたのお母さんはよくケーキを作りますか。——いいえ，作りません。
[　　　　　　] your mother often [　　　　　　] cakes?
—— No, she [　　　　　　].

(3) その男の子は熱心に剣道の練習をしますか。——はい，します。
[　　　　　　] the boy [　　　　　　] *kendo* hard?
—— Yes, [　　　　　] [　　　　　].

ミス注意 (4) あなたの娘さんたちは朝早く起きますか。——いいえ，起きません。
[　　　　　　] your daughters [　　　　　　] up early in the morning?
—— No, [　　　　　] [　　　　　].

3 【並べかえ】
次の(　　)内の語を並べかえて，日本文の意味を表す英文を書きましょう。ただし，それぞれの選択肢には使わない語が１つずつ含まれています。

(1) あなたのお父さんは毎朝，朝食を食べますか。
(is / does / eat / father / your / breakfast) every morning?

_____ every morning?

(2) この図書館は9時に開きますか。
(open / opens / library / at / this / does / nine)?

_____

4 【英作文】

次の絵は，ジョン(John)と直美(Naomi)が会話している場面です。日本文の意味を表す英文を書きましょう。

(1)

John: This is my sister, Nancy.

Naomi: Wow! She's tall.

_____

(彼女は何かスポーツをしますか。)

John: Yes, she does.

She plays basketball.

(2)

John: Naomi, do you know this woman?

Naomi: Yes, I do. She's a popular singer.

John: Really? _____

(彼女は歌がうまいですか。)

Naomi: Yes, she does. I love her voice.　　　voice：声

入試レベル問題に挑戦

5 【並べかえ】

次の(　　)内の語を並べかえて，対話文を完成させましょう。

(1) *A:* (this / airport / does / go / train / to / the)?

B: Yes, it does. This train goes to the airport.

_____

(2) *A:* I like Japanese food very much.

B: Oh, really? (cook / food / your / Japanese / mother / does)?

_____

✋ **ヒント**

(1) airport は「空港」という意味。　(2) Japanese food は「日本食」という意味。

13 What 〜?

攻略のコツ what を使ったいろいろな疑問文を使えるようにしよう！

テストに出る！ **重要ポイント**

● 「何ですか？」と
たずねる文

● **What** で文を始め，あとに be 動詞の疑問文を続ける。be 動詞は主語によって使い分ける。What is の短縮形は **What's**。
（例）**What** is this?（これは何ですか。）

● 「何を持っていますか」など

● **What** で文を始めて，あとに一般動詞の疑問文を続ける。
（例）**What** do you have?（あなたは何を持っていますか。）

● 「何の〜？」と
たずねるとき

● 「何の［どんな］〜？」とたずねるときは，**What** の直後に名詞をおく。
（例）**What subject** do you like?
（あなたは何の教科が好きですか。）

● 答え方

● Yes，No は使わず，具体的に答える。

Step 1 基礎力チェック問題

解答 別冊 p.19

1 【what の疑問文】
適する語を［　　］に書きましょう。

☑ (1) これは何ですか。
　　［　　　　　　　］ is this?

☑ (2) あれは何ですか。
　　［　　　　　　　］ that?

☑ (3) それらは何ですか。
　　［　　　　　］［　　　　　　　］ they?

☑ (4) あなたは手に何を持っていますか。
　　［　　　　　］［　　　　　　　］ you have in your hand?

☑ (5) あなたのお母さんは何が好きですか。
　　［　　　　　］［　　　　　　　］ your mother like?

☑ (6) あなたは何のスポーツが好きですか。
　　［　　　　　］［　　　　　　　］ do you like?

☑ (7) あなたは何の教科が好きですか。
　　［　　　　　］［　　　　　　　］ do you like?

得点アップアドバイス

1
What の疑問文
「何？」という意味の what の位置は文の最初。あとにふつうの疑問文を続ける。

(2) 空所が１つなので，短縮形を入れる。

(3) 主語が they で，複数であることから，使う be 動詞を考える。

(6)(7) 〈What＋名詞〉の形で，「何の〜」という意味を表す。

2　【what の疑問文】
適する語を [　　] 内から選びましょう。

☑ (1)　What [am / are / is] this animal?
☑ (2)　What [am / are / is] those?
☑ (3)　What [are / do / does] you want?
☑ (4)　What [is / do / does] Jim eat for breakfast?
☑ (5)　What color [do / is / does] Tom and Bob like?

3　【what の疑問文と答え方】
適する語句を [　　] 内から選びましょう。

☑ (1)　あの大きな動物は何ですか。——それはゾウです。
　　　　[What is / What are] that big animal?
　　　　——[It's / They're] an elephant.
☑ (2)　これらの建物は何ですか。——それらは寺です。
　　　　[What is / What are] these buildings?
　　　　——[It's / They're] temples.
☑ (3)　あなたは何がほしいですか。——私は携帯電話がほしいです。
　　　　[What / What do] you want?
　　　　——[I want / You want] a cell phone.
☑ (4)　彼は何色が好きですか。——彼は青が好きです。
　　　　[What / What color] does he like?
　　　　—— He [like / likes] blue.

4　【what の疑問文の答え方】
適する語を [　　] に書いて，対話文を完成させましょう。

☑ (1)　*A:* What is this?
　　　　B: [　　　　　　　] is a dog.
☑ (2)　*A:* What is that?
　　　　B: [　　　　　　　] a computer.
☑ (3)　*A:* What are these small things?
　　　　B: [　　　　　　　] are *ohajiki*.
☑ (4)　*A:* What does your father have for breakfast?
　　　　B: He [　　　　　　　] bread and coffee.
☑ (5)　*A:* What sport do you play?
　　　　B: I [　　　　　　　] tennis.

得点アップアドバイス

2

(5)　主語が Tom and Bob で複数であることに注意。

3
What 〜? への答え方
　What 〜? には，Yes, No を使わず，具体的に何かを答える。

4

(2)　空所のあとに be 動詞がないことに注意。

問いの文の this や that は，答えるときはほかの代名詞で受けよう。

1　♪ 【リスニング】
会話と質問を聞いて，その答えとして最も適するものを下のア～ウの中から１つ選び，記号に○をつけましょう。

(1)　〔　ア　Dogs.　　　イ　Cats.　　　ウ　Birds.〕
(2)　〔　ア　Red.　　　　イ　Blue.　　　ウ　Green.〕
(3)　〔　ア　Fruit.　　　イ　Milk.　　　ウ　Apple juice.〕

2　【対話文完成】
適する語を〔　　　〕に入れて，対話文を完成させましょう。

(1)　*A:*〔　　　　　　〕〔　　　　　　　〕is your dog?
　　　B: It's white.

✓よくでる (2)　*A:*〔　　　　　　〕that?
　　　B:〔　　　　　　〕a *kotatsu*.

✓よくでる (3)　*A:*〔　　　　　　〕〔　　　　　　　〕you have in your pocket?
　　　B: I have a key.

ハイレベル (4)　*A:*〔　　　　　　〕〔　　　　　　　〕of books〔　　　　　　〕she often read?
　　　B: She〔　　　　　　〕science fiction.　　　science fiction：SF，空想科学小説

(5)　*A:*〔　　　　　　〕〔　　　　　　　〕Ami do on Saturdays?
　　　B: She usually practices the piano.

(6)　*A:*〔　　　　　　〕〔　　　　　　　〕you want for your birthday?
　　　B: I want a new smartphone.

3　【適語補充】
次の英文の下線部をたずねる疑問文になるように，〔　　　〕に適する語を書いて，対話文を完成させましょう。

(1)　*A:*〔　　　　　　〕〔　　　　　　　〕do you like?
　　　B: I like <u>rabbits</u>.

ミス注意 (2)　*A:*〔　　　　　　〕〔　　　　　　　〕〔　　　　　　　〕Ms. Green like?
　　　B: She likes <u>apples</u>.

ミス注意 (3)　*A:*〔　　　　　　〕〔　　　　　　　〕〔　　　　　　　〕your father and mother play?
　　　B: They play <u>badminton</u>.

4 【並べかえ】
次の（　）内の語を並べかえて，日本文の意味を表す英文を書きましょう。

(1) あなたはどんな言語を話しますか。
（ language / you / speak / what / do ）?

_____

(2) あの小さな動物たちは何ですか。
（ small / those / what / animals / are ）?

_____

ミス注意 (3) あなたのお父さんは昼食後に何をしますか。
（ your / do / father / what / does ）after lunch?

_____ after lunch?

5 【英作文】
次の絵を見て，日本文の意味を表す英文を書きましょう。

(1)

A: Is that a tomato?
B: No, it's not.

A: _____
（それは何ですか。）
B: It's an orange.

(2)

A: _____
（あなたは何色が好きですか。）
B: I like white.
A: OK. Here you are.

入試レベル問題に挑戦

6 【同意文完成】
次の英文の（　）内の語を並べかえて，上の文とほぼ同じ内容を表す英文を書きましょう。

What is your favorite subject at school?
（ you / what / do / subject / like ）at school?

_____ at school?

ヒント

「学校でのあなたのお気に入りの科目は何？」は，「学校で何の科目が好き？」に言いかえられる。

14 時刻・曜日・日付

攻略のコツ 特別な it の使い方と，それを用いた問い方・答え方を言えるようにしよう！

テストに出る！ 重要ポイント

● **時刻のたずね方と答え方**
  ❶ 時刻は **What time is it?**（何時ですか。）でたずねる。
  ❷ 時刻の答え方…〈It is［It's］＋時＋分〉.
  ※時刻や時を表す文では，主語に it を使う。it は特に訳さない。

● **「何時に〜しますか」の文**
  ❶ What time で文を始めて，一般動詞の疑問文を続ける。
  ❷ 「〜時に」…〈at＋時刻〉や〈about＋時刻〉（〜ごろ）で表す。

● **曜日のたずね方と答え方**
  ❶ 曜日をたずねる文は **What day is it (today)?**
  ❷ 曜日の答え方…〈It is［It's］＋曜日.〉や〈Today is＋曜日.〉
  ❸ 「〜曜日に」の言い方…〈on＋曜日〉で表す。

● **日付のたずね方と答え方**
  ❶ 日付は **What's the date today?** でたずねる。
  ❷ 日付の答え方…〈It is［It's］＋日付.〉や〈Today is＋日付.〉で答える。
  ❸ 日付の言い方…January 1 のように〈月＋日〉で表す。「日」はふつうの数ではなく，順序を表す数（序数）で言う。

● **it の特別用法**
  ● it は時刻，曜日，日付，天候，寒暖などを表す文で，特別に主語として使う。

Step 1 基礎力チェック問題

解答 別冊p.21

1 【時刻を表す語句】
適する時刻を表す語を［　　］に書きましょう。（数は英語で書くこと。）

(1) (2) (3) (4)

☑ (1) It's ［　　　　　　　　　］ o'clock.
☑ (2) It's ［　　　　　　　　　］［　　　　　　　　　　　　　　］.
☑ (3) It's ［　　　　　　　　　］［　　　　　　　　　　　　　　］.
☑ (4) It's ［　　　　　　　　　］［　　　　　　　　　　　　　　　　　］.

得点アップアドバイス

1
時刻の表し方
　時刻は〈時＋分〉の順で表す。

(1) o'clock は「〜時ちょうど」という意味。

2 【時刻のたずね方と答え方】
適する語を[　]に書きましょう。

☑ (1) 何時ですか。――11 時です。

What [　　　　　　] is it? ――[　　　　　　　] is eleven.

☑ (2) シドニーでは何時ですか。――午後 9 時です。

[　　　　　] [　　　　　　] is it in Sydney?

――[　　　　　] 9：00 p.m.

☑ (3) あなたは何時に朝食を食べますか。――7 時ごろです。

[　　　　　] [　　　　　　] do you have breakfast?

――[　　　　　] seven.

☑ (4) あなたのお母さんは何時に起きますか。――彼女は 6 時に起きます。

[　　　　　] [　　　　　　] does your mother get up?

―― She gets up [　　　　　] six.

3 【曜日・日付のたずね方と答え方】
適する語を[　]に書きましょう。

☑ (1) 何曜日ですか。――火曜日です。

[　　　　　] day is it?

――[　　　　　] Tuesday.

☑ (2) 今日は何曜日ですか。――金曜日です。

[　　　　　] [　　　　　　] is it today?

――[　　　　　] Friday.

☑ (3) 今日は何月何日ですか。――6 月 10 日です。

[　　　　　] the [　　　　　　] today?

――[　　　　　] June 10.

4 【it の特別用法】
適する文を下の◻の中から選び，＿＿＿に書きましょう。

☑ (1) 今日は晴れています。

＿＿＿＿＿＿＿＿＿＿＿＿＿＿＿＿＿＿＿＿＿

☑ (2) 今日は暑いです。

＿＿＿＿＿＿＿＿＿＿＿＿＿＿＿＿＿＿＿＿＿

☑ (3) 朝の 8 時です。

＿＿＿＿＿＿＿＿＿＿＿＿＿＿＿＿＿＿＿＿＿

It's eight in the morning. / It's hot today. / It's sunny today.

得点アップアドバイス

2

(2) 空所の数から，答えの It is は短縮形にする。

(3) 時刻だけを答える形。「～ごろ」を意味する語を入れる。

3

(1)(2) 曜日をたずねる文。曜日は大文字で始めることにも注意。

(3) 「何月何日ですか」と「日付」をたずねる文。

時刻や天候などを表すitは，「それ」と訳さないんだね。

1 ♪【リスニング】

AとBの英文を聞いて，それぞれの絵の内容に適するほうを選び，記号に○をつけましょう。

(1)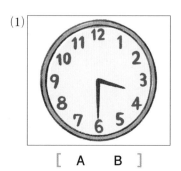
[A 　 B]

(2)
[A 　 B]

(3)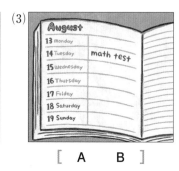
[A 　 B]

2 【適語選択】

適する語を[　]内から選びましょう。

✓よくでる (1) あなたはふつう何時に起きますか。——6時くらいです。
What [date / time / day] do you usually get up? —— About six.

(2) 今日は何月何日ですか。——9月23日です。
What's the [date / time / day] today? —— It's September 23.

ミス注意 (3) ジェフはふつう5時に帰宅します。
Jeff usually comes home [on / in / at] five.

(4) この部屋は寒いですね。
[This / It / He] is cold in this room.

(5) 私は日曜日にサッカーの練習をします。
I practice soccer [on / in / at] Sundays.

3 【適語補充】

適する語を[　]に書きましょう。

(1) 今日は何曜日ですか。——水曜日です。
[　　　　] [　　　　　　] is it today?
—— It's Wednesday.

✓よくでる (2) ニューヨークは何時ですか。——午後10時です。
[　　　　] [　　　　　　] is it in New York?
—— It's 10:00 p.m.

✓よくでる (3) あなたたちは何時に夕食を食べますか。——私たちはふつう7時に夕食を食べます。
[　　　　] [　　　　　　] do you have dinner?
—— We usually have dinner [　　　　　] seven.

4 【並べかえ】
次の（　　）内の語を並べかえて，日本文の意味を表す英文を書きましょう。ただし，文の最初にくる語も小文字で示してあります。

ミス注意 (1)　あなたはふだん何時に寝ますか。
（ go / what / to / usually / bed / time / you / do ）?

_____

(2)　東京は今，雨が降っています。　（ rainy / in / it / is ）Tokyo now.

_____ Tokyo now.

5 【英作文】
次の表は純（Jun）のふだんの1日の行動を表したものです。表の内容に合うように，下の対話文を完成させましょう。時刻も英語で書くこと。

純の1日	
午前　6:30	起床
午前　7:00	ラジオ(radio)を聞く
午前　7:30	朝食
午前　8:00	登校
午後　6:00	帰宅
午後　6:30	夕食
午後　8:00	宿題
午後 11:00	就寝

(1)　A: Does Jun get up at five in the morning?
　　　B: No, he doesn't.

　　　_____

(2)　A: What does Jun do at seven in the morning?

　　　B: _____

(3)　A: _____
　　　B: He does his homework at eight p.m.

入試レベル問題に挑戦

6 【英作文】
（　　）の日本語を参考に，次の絵のふきだしに入る英文を書いて，対話文を完成させましょう。数も英語で書くこと。

A: (1)　_____
（今何時？）

B: (2)　_____
（6時だよ。）

🔆 ヒント
(1)　時刻をたずねる文をつくる。
(2)　時刻を答える文をつくる。主語に注意。

15 How 〜?

攻略のコツ how を使ったいろいろな疑問文を言えるようにしよう！

テストに出る！ 重要ポイント

● **状態・様子・天気を たずねる文**
● 「どう〜？」とたずねるときは，**How** を文の最初におき， How is 〜?（短縮形は How's）などでたずねる。
（例）**How** are you?（元気ですか。）
（例）**How** is the weather?（天気はどうですか。）

● **手段・方法を たずねる文**
● 「どうやって？」とたずねるときにも **How** を使う。
（例）**How** do you go to school?
（あなたはどうやって学校へ通っていますか。）

● **〈how＋形容詞〉**
❶ 年齢・古さ → how old ❷ （時間の）長さ → how long
❸ 数 → how many ❹ 値段 → how much
❺ 高さ → how high ❻ 身長 → how tall

● **そのほかの How 〜?** ● How about 〜?…「（意見を求めて）〜はどうですか」

Step 1 基礎力チェック問題

解答▶ 別冊p.22

1 【how のいろいろな疑問文】
適する語を [　　　] に書きましょう。

☑ (1) あなたは元気ですか。——元気です。
[　　　　　　　　] are you? —— Fine.

☑ (2) 北海道の天気はどうですか。——晴れです。
[　　　　　　] [　　　　　　　　] the weather in Hokkaido?
—— It's sunny.

☑ (3) あなたはどうやって学校に来ますか。——バスです。
[　　　　　　] [　　　　　　　　] you come to school?
—— By bus.

☑ (4) 英語で「岩」はどう言いますか。—— rock です。
[　　　　　　] [　　　　　　　　] you say "iwa" in English?
—— We say "rock."

☑ (5) あなたの妹さんは何歳ですか。——8歳です。
[　　　　　　] [　　　　　　　　] is your sister?
—— She's eight years old.

得点アップアドバイス

1 ‥‥‥‥‥‥‥‥‥
how の意味
　how は「どう〜？」と 状態や様子をたずねた り，「どうやって？」と 手段・方法をたずねたり するときに用いる。また old や many などの語と いっしょに用いることも 多い。

(5)は年齢をたずね る疑問文だね。

2 【how のいろいろな疑問文】
適する語を［　　　］内から選び，対話文を完成させましょう。

(1) 地下鉄の駅まではどのくらい遠いですか。——約 200m です。
　　A: How［ much / far / tall ］is the subway station?
　　B: It's about 200 meters.

(2) ブラウンさんの身長はどのくらいですか。——彼は 180cm です。
　　A: How［ old / high / tall ］is Mr. Brown?
　　B: He's 180 centimeters tall.

(3) これらのくつはいくらですか。—— 50 ドルです。
　　A: How［ old / much / tall ］are these shoes?
　　B: They are fifty dollars.

(4) ジョーンズさんには何人子どもがいますか。
　　——彼には 3 人の子どもがいます。
　　A: How［ old / much / many ］children does Mr. Jones have?
　　B: He has three children.

(5) あなたはどのくらい寝ますか。——私は 8 時間寝ます。
　　A: How［ many / long / old ］do you sleep?
　　B: I sleep for eight hours.

(6) この山の高さはどのくらいですか。—— 1500 メートルです。
　　A: How［ long / high / much ］is this mountain?
　　B: It's 1,500 meters high.

3 【how の疑問文への答え方】
問いに適する答えの文を［　　　］内から選びましょう。

(1) How old are you?
　　［ ア　It's July 4th.　　　　　イ　I'm fifteen years old. ］

(2) How are you?
　　［ ア　I'm fine.　　　　　　　イ　You are fine. ］

(3) How much is this bag?
　　［ ア　It's 50 dollars.　　　　イ　They are 50 dollars. ］

(4) How many brothers do you have?
　　［ ア　He is twenty years old.　イ　I have two. ］

(5) How about five o'clock?
　　［ ア　All right.　　　　　　　イ　It's March 15. ］

(6) How do you come to school?
　　［ ア　You come to school by bus.　イ　I walk to school. ］

(7) How long does it take from here to Ueno Station?
　　［ ア　It takes about 30 minutes.　イ　It's 300 yen. ］

1 ♪【リスニング】

会話と質問を聞いて，その答えとして最も適するものを下のア〜ウの中から1つ選び，記号に○をつけましょう。

(1) ［ ア　One.　　　　イ　Two.　　　　ウ　Three. ］
(2) ［ ア　He walks.　　イ　By bus.　　　ウ　By bike. ］
(3) ［ ア　Sunny.　　　イ　Rainy.　　　ウ　Cloudy. ］

2 【適文選択】

適する応答文を下の　　　の中から選んで，記号で答えましょう。

(1) How's your life in California?　　　　　［　　　］
(2) How high is Mt. Fuji?　　　　　　　　　［　　　］
(3) How old is your grandfather?　　　　　［　　　］
(4) How tall is the giraffe?　　　　　　　　［　　　］
(5) How long is this bridge?　　　　　　　　［　　　］

California：カリフォルニア
giraffe：キリン

> ア　It's 3,776 meters high.　　イ　He's 80 years old.
> ウ　It's a lot of fun.　　　　　エ　It's about 50 meters long.
> オ　It's about 5 meters tall.

3 【対話文完成】

適する語を［　　］に書いて，対話文を完成させましょう。

✓よくでる (1) A: ［　　　　　　　　］［　　　　　　　　　　］ is this table?
　　　　　B: It's 800 dollars.
　　　　　（このテーブルはいくらですか。──800ドルです。）

✓よくでる (2) A: ［　　　　　　　　］［　　　　　　　　　　］ dishes do you need?
　　　　　B: Three dishes, please.
　　　　　（あなたは何枚皿が必要ですか。──3枚お願いします。）

(3) A: ［　　　　　　　　　］ your mother?
　　　B: She's fine, thank you.
　　　（あなたのお母さんはお元気ですか。──元気です，ありがとう。）

(4) A: ［　　　　　　　　］［　　　　　　　　　　］ do you study every day?
　　　B: I study for two hours.
　　　（あなたは毎日どのくらい勉強をしますか。──私は2時間勉強します。）

(5) A: I don't like this color.
　　　B: ［　　　　　　　　］［　　　　　　　　　　］ yellow?
　　　（私はこの色が好きではありません。──黄色はどうですか。）

4 【並べかえ】
次の（　）内の語句を並べかえて，日本文の意味を表す英文を書きましょう。

✓よくでる (1)　あなたはどうやってその博物館へ行きますか。
（ you / the museum / how / go / do / to ）?

_____

(2)　この寺はどのくらい古いのですか。
（ old / is / temple / how / this ）?

_____

5 【英作文】
次の絵は，日本人の女の子が海外旅行をしたときに現地の人と英語で会話をした場面を表しています。それぞれの日本文に合うように，適する英文を書きましょう。

(1)　　　*A:* Excuse me.

_____

（あのかばんはいくらですか。）
B: It's 30 dollars.
A: Thank you.

(2)　　　*A:* Excuse me.

_____

（博物館まではどのくらいかかりますか。）
B: It takes about 10 minutes by bus.
A: Thank you very much.

入試レベル問題に挑戦

6 【条件英作文】
次の内容を英語で表すとき，何と言いますか。

(1)　相手の名前のつづり方をたずねるとき。

_____

(2)　今日は食事に行けないという友人に対して，「明日はどうですか。」と提案するとき。

_____

ヒント
(1)　「あなたの名前はどのようにつづりますか。」とたずねる文にすればよい。 ～をつづる：spell
(2)　「～はどうですか。」は相手の意向をたずねる文にすればよい。

16 Who, Which, Where など

攻略のコツ wh- で始まる疑問詞を用いたいろいろな疑問文を言えるようにしよう！

テストに出る！ 重要ポイント

◉ **いろいろな疑問詞**　● 位置…文の最初におく。

who（だれ）	…人についてたずねる。
	who is の短縮形は **who's**。
whose（だれの）	…持ち主をたずねる。
which（どちら）	…いくつか限られた選択肢のうちで、「どちら？」「どれ？」とたずねる。
when（いつ）	…時をたずねる。
where（どこ）	…場所をたずねる。
why（なぜ）	…理由をたずねる。
	答えるときはBecause（なぜなら〜だから）を文の最初におくことが多い。

◉ **注意する形**　❶ **Who** plays tennis?（だれがテニスをしますか。）
　　　　　　　　└ who は3人称単数扱いなので、動詞に s または es をつける。
　❷〈**Which＋名詞** 〜?〉（どちらの［どの］…が〜ですか。）
　❸〈**Whose＋名詞** 〜?〉（〜はだれの…ですか。）

Step 1　基礎力チェック問題

解答 別冊p.24

1　【wh- のいろいろな疑問文】
適する語を[　　]に書きましょう。

☑ (1) 幸雄とはだれですか。——彼は私のおじです。
　　[　　　　　　　] is Yukio? —— He's my uncle.

☑ (2) あなたの誕生日はいつですか。—— 10 月 15 日です。
　　[　　　　　　　] is your birthday? —— It's October 15.

☑ (3) 優香の家はどこですか。——駅前です。
　　[　　　　　　　] is Yuka's house?
　　—— It's in front of the station.

☑ (4) なぜ彼らは私に親切なのですか。——彼らはあなたが好きだからです。
　　[　　　　　　　] are they kind to me?
　　—— Because they like you.

☑ (5) これはだれのかばんですか。——それはジムのです。
　　[　　　　] [　　　　　　　] is this? —— It's Jim's.

得点アップアドバイス

1

疑問詞の位置
　疑問詞を使う疑問文では、疑問詞はいつも文の最初におく。

(5)「だれの」とたずねるときと「だれ」とたずねるときは別の語を使うことに注意。

2 【wh- のいろいろな疑問文と答え方】
適する語を[　　]内から選び，対話文を完成させましょう。

☑ (1) *A:* [Who / Whose] cooks dinner?
B: My mother does.

☑ (2) *A:* [Who's / Whose] house is this?
B: It's Mr. Smith's.

☑ (3) *A:* [Which / Whose] is your racket?
B: This black one is.

☑ (4) *A:* [When / Where] do you practice soccer?
B: We practice it after school.

☑ (5) *A:* [When / Where] does Nick live?
B: He lives in Chicago.

☑ (6) *A:* [Who / Why] do you work so hard?
B: Because I want a car.

3 【いろいろな疑問文の答え方】
問いに適する答えの文を[　　]内から選びましょう。

☑ (1) Who is Mr. Higuchi?
[ア　It's Takashi's.　　　　イ　He's our Japanese teacher.]

☑ (2) Whose desk is this?
[ア　Ken is.　　　　イ　It's Ken's.]

☑ (3) When is your birthday?
[ア　It's January 1.　　　　イ　It's at my house.]

☑ (4) Where is your school?
[ア　It's next to the park.　　　　イ　I walk to school.]

☑ (5) Why are you home late?
[ア　Because I have a lot of work.　　　　イ　You are late.]

☑ (6) Where do you play tennis?
We play it [ア　after school　　　イ　in the park].

☑ (7) When do you watch TV?
I watch TV [ア　in the living room　　　イ　after dinner].

☑ (8) Which bus goes to the station?
[ア　The No. 5 bus is.　　　　イ　The No. 5 bus does.]

☑ (9) Who uses this computer?
[ア　My brother does.　　　　イ　My brother is.]

1 ♪【リスニング】

会話と質問を聞いて，その答えとして最も適するものを下のア～ウの中から1つ選び，記号に○をつけましょう。

(1) 〔 ア　On Saturday　イ　On Sunday.　ウ　On Monday. 〕
(2) 〔 ア　In the box.　イ　Under the chair.　ウ　On the table. 〕
(3) 〔 ア　Kenji.　イ　Beth.　ウ　Kenji's brother. 〕

2 【適文選択】

適する応答文を下の　　　の中から選んで，記号で答えましょう。

(1) Where is Ms. Green from?　　　　[　]
(2) When do you walk your dog?　　　[　]
(3) Why are they at home today?　　　[　]
(4) Who helps the old people?　　　　[　]
(5) Which is your T-shirt?　　　　　[　]
(6) Whose glass is this?　　　　　　[　]

ア　Kyoko and I do.　　イ　The black one is.　　ウ　She's from the U.S.	
エ　Before breakfast.　　オ　It's Chie's.　　カ　Because they have no school.	

3 【対話文完成】

適する語を[　]に書いて，対話文を完成させましょう。

✓よくでる (1)　A: [　　　　　　] is Mina's birthday?
　　　　　　B: It's February 24.

✓よくでる (2)　A: [　　　　　　] do you usually eat lunch?
　　　　　　B: We eat at the cafeteria.

(3)　A: [　　　　　　] does your brother want, a car or a bike?
　　　B: He wants a bike.

(4)　A: [　　　　　　] is Masato?
　　　B: He's my cousin.

(5)　A: [　　　　　　] is your house?
　　　B: Near the park.

ミス注意 (6)　A: [　　　　　　] uniform is this?
　　　　　B: It's Koji's.

4 【並べかえ】

次の（　　）内の語句を並べかえて，日本文の意味を表す英文を書きましょう。

ミス注意 (1) スタジアムはどちらの方向ですか。 （ way / is / which / the stadium ）？

_____

(2) なぜあなたは早起きするのですか。 （ get / do / early / why / you / up ）？

_____

5 【英作文】

次の絵は，日本人の彩（Aya）がこの夏アメリカに旅行をしたときに現地の人と英語で会話
をした場面を表しています。（　　）内の日本語を英文にしましょう。

Aya:　　Excuse me. Which train goes to Boston?
Woman: Go to Platform 5.
Aya:　　（5番ホームはどこですか。）
Woman: Follow me.
Aya:　　Thank you very much.

入試レベル問題に挑戦 ‥‥‥‥‥‥‥‥‥‥‥‥‥‥‥‥‥

6 【英作文／適語補充】

次の英文は，ベン（Ben）と美江（Mie）の会話です。正しい対話文になるように，(1)(2)は
（　　）内の語を使って，英文をつくりましょう。(3)には適する1語を書きましょう。

Mie: Look at this bag, Ben. It's a birthday present from my grandpa.
Ben: It's nice. By the way, (1)(birthday)？
Mie: My birthday is January 29.
Ben: Really? It's the same date as my sister's.
Mie: Wow! (2)(she)？
Ben: She's twenty. She doesn't live with us.
Mie: (3)[　　　　　]？
Ben: Because she goes to college in Canada.

(1) By the way, _____?

(2) _____

(3) [　　　　　　　　]

☞ ヒント
(2) 「彼女は20歳です。」という答えなので，年齢をたずねる疑問文を入れるのが適切。

定期テスト予想問題 ③

時間 50分
解答 別冊p.25

得点 ／100

出題範囲：3人称単数現在形，時刻・曜日・日付，疑問詞

1 ♪【リスニング】会話と質問を聞いて，その答えとして最も適するものをア〜ウの中から1つ選び，記号で答えなさい。 【5点×4】

(1) ア One dollar.　　イ Two dollars.　　ウ Three dollars.
(2) ア Math.　　　　イ Music.　　　　ウ English.
(3) ア At six.　　　 イ At seven.　　　ウ At eight.
(4) ア In December.　イ In January.　　ウ In February.

(1)		(2)		(3)		(4)	

2 次の＿＿に入る適切な語を書きなさい。 【3点×5】

(1) ＿＿＿＿＿ is the weather in Kyoto? —— It's cloudy.
(2) ＿＿＿＿＿ does Mr. White come to school by bike?
　　 —— Because he doesn't have a car.
(3) ＿＿＿＿＿ is Takeru? —— He's my best friend.
(4) ＿＿＿＿＿ bus goes to the hospital? —— That blue one.
(5) I like Japanese food. ＿＿＿＿ ＿＿＿＿ you, Jim?
　　 —— I like it very much.

(1)		(2)		(3)	
(4)		(5)			

3 次の[　]内から適する語を選び，記号で答えなさい。 【4点×6】

(1) What's the [ア day　イ time　ウ date] today? —— It's July 10th.
(2) [ア Who　イ Who's　ウ Whose] camera is this? —— It's Saki's.
(3) [ア Where　イ When　ウ What] is your birthday? —— It's July 20th.
(4) [ア Do　イ Does　ウ Is] Mr. Hill play the guitar?
(5) Lisa [ア isn't　イ don't　ウ doesn't] like sports.
(6) My sister usually comes home [ア at　イ in　ウ on] five.

(1)		(2)		(3)		(4)		(5)		(6)	

4 下のメモは，ある市の図書館で行われているボランティア活動について書かれたものである。メモの内容に合うように，質問に対する答えの文を英語で書きなさい。【5点×3】

図書館ボランティア募集

| 人数 | 8名 | 場所 | 東図書館 |

活動内容　子どもたちへの読み聞かせ活動

活動時間　毎週水曜日
　　　　　午前 10 時～正午まで

(1) How many volunteers does the library need?

(2) Where do the volunteers work?

(3) How long do the volunteers work?

(1)	
(2)	
(3)	

5 次のテッド(Ted)と彩(Aya)の会話文を読んで，あとの問いに答えなさい。　【計 26 点】

Ted: Look at this picture. This is my brother Fred.

Aya: Oh, he's handsome! How (　①　) is he?

Ted: He's twenty. He's a college student. He ②(study) science.

Aya: I see. ③(live / he / does / in / the U.S.)?

Ted: Yes, he ④(live) in New York now.

Aya: Ted, this dog is very cute. Is this his dog?

Ted: Yes. He ⑤(have) a dog and a cat.

Aya: Wow, he likes animals!

Ted: Aya, ⑥(animal / do / what / like / you)?

Aya: I like koalas.

college：大学
handsome：かっこいい

(1) 会話の流れに合うように，(　①　) に入る最も適切な 1 語を書きなさい。　(3 点)

(2) ②，④，⑤の (　　　) 内の語を適する形にかえて書きなさい。　(3 点×3)

(3) ③，⑥の (　　　) 内の語句を正しく並べかえて書きなさい。　(5 点×2)

(4) 会話の内容に合うものを，ア～ウから 1 つ選びなさい。　(4 点)

　　ア　テッドは大学生だ。

　　イ　テッドはアメリカに住んでいる。

　　ウ　彩はコアラが好きだ。

(1)		(2) ②		④		⑤	
(3)	③						
	⑥					(4)	

定期テスト予想問題③

17 時・場所を表す前置詞

攻略のコツ 時・場所を表す前置詞をイメージといっしょに覚えよう！

テストに出る！ 重要ポイント

● **時**
  を表す前置詞　前置詞…名詞といっしょに用いて，時や場所，方向などを表す。
  ❶ **in**…年・月・季節などと使う。（例）**in** 2022（2022年に）
  ❷ **on**…日・曜日などと使う。（例）**on** July 7（7月7日に）
  ❸ **at**…時刻などと使う。（例）**at** 8:00（8時に）

● **その他の時**
  を表す前置詞　before（〜の前に）　　after（〜のあとに）　　for（〜の間）
  until（〜までずっと）　by（〜までに）

● **場所**
  を表す前置詞　❶ **in**…「〜の中に」（例）**in** the box（箱の中に）
  ❷ **on**…「〜の上に」（例）**on** the desk（机の上に）
  　※接触して「上に」ある状態を表す。例）on the wall（壁〈の上〉に）
  ❸ **under**…「〜の下に」（例）**under** the table（テーブルの下に）
  ❹ **by**…「〜のそばに」（例）**by** the door（ドアのそばに）

● **その他の場所**
  を表す語句　around（〜の周りに）　　　in front of（〜の前に）
  from A to B（AからBへ）　between A and B（AとBの間に）
  into（〜の中に）　　　　　next to 〜（〜の隣）

Step 1　基礎力チェック問題

解答▶ 別冊p.27

1 【時を表す前置詞】
適する語を[　　]内から選びましょう。

得点アップアドバイス

☑ (1) Let's meet [in / on / at] 10:00.
☑ (2) I practice soccer [in / on / at] Sundays.
☑ (3) We can swim in the sea [in / on / at] summer.
☑ (4) Tom usually listens to the radio [in / on / at] the morning.
☑ (5) We have our sports day [in / on / at] October 15.
☑ (6) Ms. Jackson usually goes skiing [in / on / at] January.
☑ (7) Please wait here [by / at / for] five minutes.
☑ (8) I do my homework [under / for / after] school.
☑ (9) Wash your hands [until / around / before] dinner.
☑ (10) Finish your homework [by / for / on] 8:00.

1

(5) October 15（10月15日）は特定の日付。

(10) 期限を表して「〜までに」を表す前置詞を選ぶ。

2 【時を表す前置詞】
適する語を [　　] に書きましょう。

☑ (1) 私たちは 2018 年にオーストラリアを訪れました。
We visited Australia [　　　　　　] 2018.

☑ (2) 月曜日には音楽の授業があります。
I have music class [　　　　　　] Mondays.

☑ (3) 私は毎日 1 時間ピアノの練習をします。
I practice the piano [　　　　　] an hour every day.

☑ (4) 私の父はたいてい 8 時に帰宅します。
My father usually comes home [　　　　] 8:00.

2 ……………………

(3) 「～の間」を表す前置詞を入れる。

3 【場所を表す前置詞】
適する語を [　　] 内から選びましょう。

☑ (1) My uncle lives [in / under / between] London now.

☑ (2) My house is [between / into / near] the park.

☑ (3) Let's walk [between / around / at] the pond.

☑ (4) The bookstore is [from / between / around] a flower shop and a convenience store.

3 ……………………

(3) 「池の周りを」
(4) 「生花店とコンビニエンスストアの間」。

4 【場所を表す前置詞】
適する語を [　　] に書きましょう。

☑ (1) サムはドアのそばにいます。
Sam is [　　　　　　] the door.

☑ (2) 木の下にいるネコが見えますか。
Can you see a cat [　　　　　　] the tree?

☑ (3) 私はかばんの中に 2 冊の本を持っています。
I have two books [　　　　　] my bag.

☑ (4) 私のぼうしはどこにありますか。——テーブルの上にあります。
Where is my cap? —— It's [　　　　　] the table.

☑ (5) 壁の絵を見てください。
Look at the picture [　　　　　　] the wall.

☑ (6) リサの前に座ってください。
Sit in [　　　　　] of Lisa.

☑ (7) そのパン店は生花店の隣にあります。
The bakery is [　　　　　] to the flower shop.

(5)は「壁の上に直接，接している」とイメージしてね。

1 ♪【リスニング】

(1)～(3)の英文を聞いて，絵の内容に最も適するものを A ～ C から 1 つ選び，記号に○を
つけましょう。

(1)　[　A　　B　　C　]
(2)　[　A　　B　　C　]
(3)　[　A　　B　　C　]

2 【適語選択】
　適する語を [　　　] 内から選びましょう。

✓よくでる (1)　I usually get up [in / on / at] seven in the morning.
(2)　Do you know that boy [front / under / into] the tree?
(3)　The cat comes [by / on / into] the room quietly.　　　　　quietly：静かに
(4)　We enjoy fireworks festivals [in / on / at] summer.
(5)　We have a party [in / on / at] December 20.

3 【適語補充】
　(　　)内の日本語を参考にして，下から適する語を選んで書きましょう。

(1)　The girl [　　　　　　　] the door is Mari.（ドアのそばの）
(2)　My grandmother walks in the park [　　　　　　　] breakfast.（朝食前に）
(3)　He works [　　　　　　　] Monday to Friday.（月曜日から金曜日まで）
✓よくでる (4)　I usually watch TV [　　　　　　　] dinner.（夕食後に）
✓よくでる (5)　Look at the picture [　　　　　　　] the wall.（壁の絵を）

by	on	after	before	from

4 **【適語補充】**
適する語を [　　] に書きましょう。

(1) ここでは春に桜の花を見ることができます。
You can see cherry blossoms here [　　　　　　] [　　　　　　].

✓よくでる (2) シドニーは朝の8時です。
It's 8:00 [　　　　　　] the morning [　　　　　] Sydney.

(3) この店は9時に開きます。
This store opens [　　　　　　] 9:00.

(4) 彼らは今，教室にいますよ。
They are [　　　　　　] the classroom now.

ミス注意 (5) ケンは毎朝公園の周りを走ります。
Ken runs [　　　　　　] the park every morning.

5 **【英問英答】**
次の地図の内容に合うように，下の質問に英語で答えましょう。

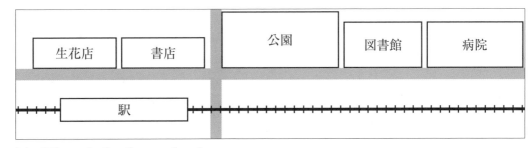

(1) Where is the flower shop?

―― It _____ .

(2) Where is the library?

―― _____ .

入試レベル問題に挑戦

6 **【条件英作文】**
右の絵の様子を英語で言いましょう。ただし，on を使うこと。

_____

💡 **ヒント**

ベッドの上に本が置いてあることに注目する。
I can see ～. (私は～が見える。) の形で書くとよい。

18 代名詞

攻略のコツ 文の中での，代名詞の形のそれぞれの使い方を区別しよう！

テストに出る！ 重要ポイント

● **代名詞** ● 人や物の名前の代わりに使う語。I，he，she，it など。

● **代名詞の形の変化** ❶ 主格：「〜は」と主語になる

(例) He plays soccer.（彼はサッカーをします。）

❷ 所有格：「〜の」の意味で名詞の前につく。

(例) Is this his bag?（これは彼のかばんですか。）

❸ 目的格：「〜を」と動詞のあとにおく。

(例) I know him.（私は彼を知っています。）

前置詞のあとにおくこともある。

(例) I go there with him.（私は彼とそこへ行きます。）

❹ 所有代名詞：「〜のもの」の意味を表す。

単数	〜は	〜の	〜を	〜のもの	複数	〜は	〜の	〜を	〜のもの
私	I	my	me	mine	私たち	we	our	us	ours
あなた	you	your	you	yours	あなたたち	you	your	you	yours
彼	he	his	him	his	彼ら				
彼女	she	her	her	hers	彼女ら	they	their	them	theirs
それ	it	its	it		それら				

Step 1 基礎力チェック問題

解答 別冊p.28

1 【主格】
適する語を [ ] に書きましょう。

☑(1) 私は健太です。

[ ] am Kenta.

☑(2) あなたはおなかがすいていますか。

Are [ ] hungry?

☑(3) こちらは良子です。彼女は私の妹です。

This is Ryoko. [ ] is my sister.

☑(4) 彼らはこの部屋を使いますか。

Do [ ] use this room?

☑(5) 私たちは毎日サッカーをします。

[ ] play soccer every day.

得点アップアドバイス

1

主格の代名詞

主語として使われる代名詞をしっかりと区別できるようにしよう。

(3) This is 〜. は人を紹介するときによく用いる表現。

2 【所有格】
( )内の語を所有格の代名詞にかえて書きましょう。

☑ (1) This is [　　　　　　] car. (he)
☑ (2) [　　　　　　] brother's name is Tomoya. (I)
☑ (3) I know [　　　　　] brother. (she)
☑ (4) [　　　　　　] house is in front of the library. (we)
☑ (5) I have a dog. [　　　　　] name is Jack. (it)
☑ (6) [　　　　　] daughters are kind. (they)
☑ (7) Is that [　　　　] school? (you)

3 【目的格】
適する語を[　　]内から選びましょう。

☑ (1) I love [you / your / you're].
☑ (2) I go to school with [he / his / him] every day.
☑ (3) My mother cooks dinner for [we / our / us].
☑ (4) A: Do you do your homework after dinner?
　　　　B: No. I do [it / its / it's] before dinner.
☑ (5) A: Who takes care of the cats?
　　　　B: My sister and I take care of [they / their / them].
☑ (6) I often teach math to [she / her / hers].

4 【所有代名詞】
適する語を[　　]に書きましょう。

☑ (1) 私のラケットは青で，彼女のは黒です。
　　　　My racket is blue, and [　　　　　　] is black.
☑ (2) この本はあなたのものですか。
　　　　Is this book [　　　　　　]?
☑ (3) あれはだれのかさですか。
　　　　──私のものです。
　　　　Whose umbrella is that?
　　　　── It's [　　　　　　].
☑ (4) この絵は彼のです。
　　　　This picture is [　　　　　　].
☑ (5) あのテントは大きいです。私たちのものは小さすぎます。
　　　　That tent is big. [　　　　　　] is too small.
☑ (6) 私たちの車は白で，彼らのは赤です。
　　　　Our car is white, and [　　　　　　] is red.

1 ♪【リスニング】

会話と質問を聞いて，その答えとして最も適するものを下のア～ウの中から1つ選び，記号に○をつけましょう。

(1)　[ア　Yes, he is.　　イ　Yes, he does.　　　ウ　Yes, she does.]
(2)　[ア　Judy's.　　　イ　Judy's sister's.　　ウ　Bill's.]
(3)　[ア　Red.　　　　イ　Blue.　　　　　　ウ　Black.]

2【適語選択】

適する語を [　　] 内から選びましょう。

✓よくでる (1)　This is my father. [I / He / She] is a music teacher.
✓よくでる (2)　*A:* Do you know Ms. Smith?
　　　　　　B: No. I don't know [she / she's / her].
(3)　*A:* Whose bike is this?
　　　　B: It's my sister's. [I / My / Mine] is over there.
(4)　*A:* Do you play the piano?
　　　　B: Yes. I practice [it / its / it's] after school every day.
(5)　I like [you / your / yours] skirt.
ミス注意 (6)　*A:* Do you come to school with Hiroki?
　　　　B: Yes. I walk to school with [he / his / him] every day.
(7)　Kate has two brothers. [They / Their / Them] are very good volleyball players.

3【適語補充】

適する語を [　　] に書きましょう。

(1)　私たちの英語の先生はとても上手に日本語を話します。
　　[　　　　　　　　] English teacher speaks Japanese very well.
(2)　彼らにそのニュースについて伝えてください。
　　Tell [　　　　　　　] about the news.
ミス注意 (3)　あなたはそれの名前を知っていますか。
　　Do you know [　　　　　　　] name?
(4)　これらの机はあなたたちのものですか。
　　Are these desks [　　　　　　]?

4 【並べかえ】

次の（　　）内の語を並べかえて，日本文の意味を表す英文を書きましょう。ただし，<u>下線部の語を適する形にかえましょう。</u>

(1) 彼は私にとても親切です。

（ very / to / he / <u>I</u> / kind / is ）.

_____

ハイレベル (2) 私の父はよく私たちをその動物園に連れていってくれます。

（ takes / father / <u>we</u> / often / to / my ）the zoo.

_____ the zoo.

5 【英作文】

直人は，英語の授業で友達の紹介文を書くことになりました。次のメモは，直人が親友の伸樹（のぶき）について書いたものです。メモの内容に合うように，英文を書きましょう。

> ・ぼくの親友（伸樹）
> ・ぼくらはバスケ部
> ・彼はバスケがすごく上手
> ・彼の家とぼくの家は近所

〜部に入っている
: be on 〜 team

Nobuki is my best friend.

(1) _____ the basketball team.

(2) _____ basketball player.

(3) _____ near my house.

入試レベル問題に挑戦

6 【適語選択】

適する語を[　　]内から選んで，記号に○をつけましょう。

(1) Is Yuki your brother?

　　—— Yes, he is [ア　your　　イ　you　　ウ　my　　エ　me] brother.

(2) Do you know that girl?

　　—— No, I don't know [ア　you　　イ　your　　ウ　she　　エ　her].

> ☀ **ヒント**
> (2) that girl を代名詞にする。動詞 know の後ろにくる代名詞は目的格。

19 感嘆文

リンク
ニューコース参考書
中1英語
p.180〜181

攻略のコツ　What と How のあとに続く語のちがいを覚えよう！

テストに出る！ 重要ポイント

● **What 〜! の感嘆文**
　❶「なんと〜なのでしょう！」と驚きや感動などを表す。
　❷ **What** で始まる感嘆文…〈What a[an]＋形容詞＋名詞！〉
　（例）**What** a big dog!（なんと大きな犬なんだろう！）
　　　　　　　　 形容詞 名詞
　※名詞のあとに、〈主語＋動詞〉が続くこともある。

● **How 〜! の感嘆文**
　● **How** で始まる感嘆文…〈How＋形容詞または副詞！〉
　（例）**How** beautiful!（なんと美しいんだろう！）
　　　　　　　 形容詞
　※形容詞または副詞のあとに、〈主語＋動詞〉が続くこともある。

● **What 〜! か**
　How 〜! か
　● 感嘆文で What を使うか How を使うかは、感情を表す部分
　　に名詞があるかないかで決まる。
　（例）**What** a nice idea!（なんとよいアイデアなんだ！）
　　　　　　　 形容詞のあとに名詞が続く。
　（例）**How** nice!（なんとよいんだろう！）
　　　　　　　 形容詞のあとに名詞が続かない。

Step 1　基礎力チェック問題

解答　別冊p.30

1　【What 〜! の感嘆文】
適する語を[　　　]に書きましょう。

☑(1)　なんとすばらしい考えなのでしょう！
　　[　　　　　　　] a great idea!

☑(2)　なんと美しい花なのでしょう！
　　[　　　　　] [　　　　　] beautiful flower!

☑(3)　なんと古い本なのでしょう！
　　[　　　　　] [　　　　　] old book!

☑(4)　なんと小さい鳥なのでしょう！
　　[　　　　　] [　　　　　] birds!

☑(5)　今日はなんと暑い日なのでしょう！
　　[　　　　　] a [　　　　　] day it is today!

☑(6)　彼はなんと背が高い男の子でしょう！
　　[　　　　　] a [　　　　　] boy he is!

得点アップアドバイス

1
あとに名詞が続く感嘆文では、What を使う。

(4)　名詞が複数のときは、a[an] はつけない。

話し言葉では、(1)〜(4)のような〈主語＋動詞〉が続かない形がよく使われるよ。

2 【How 〜! の感嘆文】

適する語を [　　] に書きましょう。

☑ (1) なんとかわいいのでしょう！

[　　　　　　] cute!

☑ (2) なんと速いのでしょう！

[　　　　] [　　　　　　]!

☑ (3) この犬はなんと大きいのでしょう！

[　　　　] [　　　　　] this dog is!

☑ (4) なんと寒いのでしょう！

[　　　　　] [　　　　　] it is!

☑ (5) 彼女はなんと運がよいのでしょう！

[　　　　　] [　　　　　] she is!

3 【感嘆文と疑問文】

適する語を [　　] 内から選びましょう。

☑ (1) [What / How] a nice view!

☑ (2) [What / How] great!

☑ (3) [What / How] a tall building!

☑ (4) [What / How] kind that girl is!

☑ (5) What [a / an] interesting story!

☑ (6) How old [is your school / your school is]?

4 【感嘆文と疑問文】

次の英文を日本語になおしましょう。

☑ (1) What a useful computer!

(　　　　　　　　　　　　　　　　)

☑ (2) How wonderful!

(　　　　　　　　　　　　　　　　)

☑ (3) What a small picture!

(　　　　　　　　　　　　　　　　)

☑ (4) What sport can you play?

(　　　　　　　　　　　　　　　　)

☑ (5) How tall is this boy?

(　　　　　　　　　　　　　　　　)

実力完成問題

解答 別冊 p.30

1 ♪【リスニング】
会話を聞いて，その応答として最も適するものをA〜Cから1つ選び，記号に○をつけましょう。

(1) [A B C]
(2) [A B C]
(3) [A B C]

2 【適語選択】
適する語を[ ]内から選びましょう。

✓よくでる (1) [What / How / Which] a good singer!
(2) [What / How / That] a tall tree!
(3) [What / How / That] fast you run!
(4) [What / How / Who] long!
(5) [What / How / Who] a nice day!
ミス注意 (6) What [a / an / the] amazing story!
(7) [What / How / When] tall is your brother? —— He is 170 cm.

3 【適語補充】
適する語を[ ]に書きましょう。

ミス注意 (1) なんと古い絵なんでしょう！
[   ] [   ] old picture!
(2) なんとおいしいんだろう！
[   ] [   ]!
(3) なんと大きなリンゴだろう！
[   ] a [   ] apple!
✓よくでる (4) なんとすばらしいんだろう！
[   ] [   ]!
(5) なんとおもしろいんだろう！
[   ] funny!
(6) なんとすてきな部屋でしょう！
[   ] [   ] nice room!

4 【並べかえ】

次の（　）内の語を並べかえて，日本文の意味を表す英文を書きましょう。ただし，それぞれの選択肢には使わない語が1つずつ含まれています。

✓よくでる (1) なんとかわいいネコなんでしょう！
（ a / what / cat / how / cute ）！

_____

(2) 今日はなんと暑いんだろう！
（ today / it / what / how / is / hot ）！

_____

(3) なんとおもしろい番組でしょう！
（ interesting / what / program / a / an ）！

_____

5 【条件英作文】

次のようなとき，英語ではどのように言いますか。与えられた語を使って書きましょう。

(1) 感激して，「なんときれいなながめなんだ！」と言うとき。（what, view）

_____

(2) スマートフォンの料金を見て，「なんと高いんだ！」と驚いたとき。（how）

_____

ハイレベル (3) くじで1等を当てた友達に「なんと運がいいんだ！」と言うとき。（how, you）

_____

入試レベル問題に挑戦

6 【並べかえ】

（　）内の語を並べかえて，対話文を完成させましょう。

A: Hi, Jeff!　This is a present for you!
B: Oh, (a / nice / what / surprise)!　What is it?
A: Please open it.

Oh, _____ !

💡 **ヒント**

突然プレゼントをもらって驚いている場面。surprise は「驚き」という意味の名詞。

20 現在進行形

リンク
ニューコース参考書
中1英語
p.184〜189

攻略のコツ 現在形とのちがいをマスターしよう！ 動詞の語形変化（〜ing）も必出！

テストに出る！ **重要ポイント**

- 現在進行形
  - ● be 動詞（am, are, is）のあとに動詞の **ing** 形を続ける。
  - （例）I'm playing tennis.（私はテニスをしています。）

- 動詞の **ing** 形 のつくり方
  - ❶ ing をつける： play → play**ing**　study → study**ing**
  - ❷ e をとって ing： make → mak**ing**
    - ▲ e で終わる語
  - ❸ 1字重ねて ing： run → run**ning**
    - ▲〈短母音＋子音字〉で終わる語

- 進行形にしない動詞
  - ● like, know などのように，状態を表す動詞。
    - 進行形とは「（ある動作を）しているところだ」という意味を表すため，have は「持つ」という意味では進行形にならないが，「食べる」の意味では進行形になる。

- 否定文
  - ● am, are, is のあとに **not** を入れる。
  - （例）I'm **not playing** tennis.（私はテニスをしていません。）

Step 1　基礎力チェック問題

解答 別冊 p.31

1 【動詞の ing 形】
次の動詞の ing 形を [　] に書きましょう。

- ☑ (1) read [　　　　]
- ☑ (2) talk [　　　　]
- ☑ (3) do [　　　　]
- ☑ (4) watch [　　　　]
- ☑ (5) sleep [　　　　]
- ☑ (6) go [　　　　]
- ☑ (7) come [　　　　]
- ☑ (8) drive [　　　　]
- ☑ (9) write [　　　　]
- ☑ (10) swim [　　　　]

2 【現在進行形の形（be 動詞）】
適する語を [　] に書きましょう。

- ☑ (1) I [　　　　] playing the piano.
- ☑ (2) We [　　　　] going to school.
- ☑ (3) Mike [　　　　] walking his dog.
- ☑ (4) Tom and Jim [　　　　] studying in the library.
- ☑ (5) They [　　　　] running in the park.

得点アップアドバイス

1
ing 形の作り方

動詞の語尾	つけ方
ふつう （read）	**ing** （reading）
e で終わる （take）	e をとって **ing** （taking）
〈短母音＋子音字〉 （sit）	子音字を重ねて **ing** （sitting）

2
現在進行形の文の形
現在進行形は〈am, are, is＋動詞の ing 形〉で表す。主語によって be 動詞が決まる。

3 【現在進行形の文】
適する語を [   ] に書きましょう。

☑ (1) 私は自分の部屋でテレビを見ています。
I'm [   ] TV in my room.

☑ (2) 私たちはサッカーをしています。
We [   ] [   ] soccer.

☑ (3) 祐樹は宿題をしています。
Yuki [   ] [   ] his homework.

☑ (4) その子どもたちは眠っています。
The children [   ] [   ].

☑ (5) ホワイトさんは車を運転しています。
Ms. White [   ] [   ].

☑ (6) 彼らはプールで泳いでいます。
They [   ] [   ] in the pool.

4 【進行形にしない動詞】
適する語を [   ] 内から選びましょう。

☑ (1) 私は博のお父さんを知っています。
I [know / am know / am knowing] Hiroshi's father.

☑ (2) 生徒たちはブラウン先生のことが大好きです。
The students [like / likes / are liking] Mr. Brown very much.

☑ (3) 亮にはお兄さんが1人います。
Ryo [have / has / is having] a brother.

☑ (4) 私たちは今，昼食を食べています。
We [have / are have / are having] lunch now.

5 【現在進行形の否定文】
適する語を [   ] に書きましょう。

☑ (1) 私は歌を歌っていません。
I'm [   ] [   ] a song.

☑ (2) リサは手紙を書いていません。
Lisa [   ] [   ] a letter.

☑ (3) 私たちはグリーン先生と話していません。
We [   ] [   ] with Mr. Green.

☑ (4) 彼らは教室をそうじしていません。
They're [   ] [   ] the classroom.

☑ (5) 私の父は台所で料理をしていません。
My father [   ] [   ] in the kitchen.

📐 **得点アップアドバイス**

3

語尾の子音字を重ねて ing をつける語
・begin （始める）
・cut （切る）
・get （手に入れる）
・hit （打つ）
・put （置く）
・run （走る）
・sit （座る）
・stop （止まる）
・swim （泳ぐ）
・win （勝つ）

(5) 「車を運転する」は drive。e で終わる語。

4

(3)(4) have は「～を持つ」と「～を食べる」の意味があり，進行形になる使い方とならない使い方があることに注意。

現在進行形の否定文は，be動詞のあとにnotを入れてつくるよ。

実力完成問題　解答▶ 別冊p.32

1 ♪【リスニング】
(1)～(3)の英文を聞いて，その内容に適する人物を絵の中のア～ウから探して，記号で答えましょう。

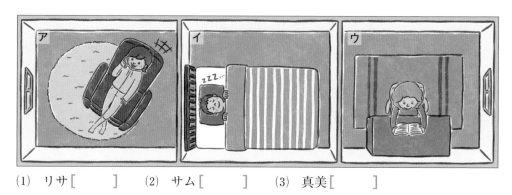

(1) リサ[　　　]　(2) サム[　　　]　(3) 真美[　　　]

2 【適語選択】
適する語を[　　]内から選びましょう。

✓よくでる (1) We [am / are / is] cooking in the kitchen.
✓よくでる (2) Yuta [play / is play / is playing] a video game in his room.
(3) They [aren't / don't / not] coming to my house.
ミス注意 (4) I [know / am know / am knowing] Tina very well.
(5) She [isn't / doesn't / not] like milk.

3 【適語補充】
適する語を[　　]に書きましょう。

ミス注意 (1) 彼らは川で泳いでいるところです。
[　　　　　　][　　　　　　　　　] in the river.
ミス注意 (2) 私は英語の辞書を持っています。
I [　　　　　　　] an English dictionary.
✓よくでる (3) アンは家族と夕食をとっているところです。
Ann [　　　　　][　　　　　　] dinner with her family.
✓よくでる (4) 私は数学の勉強をしているところではありません。
I'm [　　　　　　][　　　　　　　] math.
(5) 私たちはテレビを見ていません。
We [　　　　　　][　　　　　　] TV.
(6) サムは部屋をそうじしていません。
Sam [　　　　　][　　　　　　] his room.

4 【語形変化】

次の( )内の語を適する形に直して，[ ]に書きましょう。

(1) I'm [ ] to music. （listen）

(2) Emma is [ ] around the pond in the park. （run）

(3) They aren't [ ] in the room. （work）

(4) My brother is [ ] a letter in his room. （write）

(5) We are [ ] judo in the gym. （practice）

(6) I'm [ ] lunch with my mother. （make）

(7) My father is [ ] some pictures. （take）

5 【並べかえ】

次の( )内の語句を並べかえて，日本文の意味を表す英文を書きましょう。<u>ただし，下線部の語を適する形にかえましょう。</u>

(1) 山田先生は箱を教室に運んでいるところです。

Mr. Yamada (a box / is / the classroom / to / <u>carry</u>).

Mr. Yamada _____.

ミス注意 (2) 女の子たちが木の下に座っています。

The (are / under / girls / the tree / <u>sit</u>).

The _____.

ミス注意 (3) 今，東京は雨が降っていません。

(is / in / not / it / Tokyo / <u>rain</u>) now.

_____ now.

入試レベル問題に挑戦

6 【条件英作文】

次の日本語の質問に，あなた自身の立場で英語で答えましょう。

「あなたは今，何をしているところですか。」

_____

💡 ヒント

あなたが今していることをたずねられているので，「私は(今)～をしています。」で答える。

21 現在進行形の疑問文

攻略のコツ 「何をしていますか」に対する答え方をマスターしよう！

テストに出る！ 重要ポイント

● **現在進行形の疑問文 と答え方**
❶ be 動詞で文を始める。
⇒ **Are you ～ing?**（あなたは（今）～していますか。）
❷ 答え方…「はい」 ⇒ Yes, ～ am[are, is].
　　　　　「いいえ」⇒ No, ～ am[are, is] not.

● **「（今）何をしていますか」**
❶「あなたは（今）何をしていますか」とたずねるとき
⇒ **What are you doing?**
❷ 答え方：具体的に今していることを答える。

● **「だれが～していますか」**
●「だれが～していますか」とたずねるとき
⇒ **Who is ～ing?**
※ who を主語（だれが）として使う場合，ふつうの文と同じ形で表し，文の終わりに？をおく。

Step 1　基礎力チェック問題

解答 別冊p.32

1 【現在進行形の疑問文】
適する語を[　　]に書きましょう。

☑ (1) あなたは本を読んでいますか。
　　[　　　　　　　　] you reading a book?
☑ (2) ブラウンさんはギターを弾いていますか。
　　[　　　　　　　　] Mr. Brown [　　　　　　　　] the guitar?
☑ (3) 彼らは英語を勉強していますか。
　　[　　　　　　] they [　　　　　　] English?

2 【現在進行形の疑問文と答え方】
適する語を[　　]内から選びましょう。

☑ (1) [Are / Do] you using my computer?
☑ (2) Yes, I [am / do].　((1)の答え)
☑ (3) [Is / Does] your sister sleeping?
☑ (4) No, she [is / does] not.　((3)の答え)
☑ (5) [Are / Do] they like English songs?
☑ (6) No, they [aren't / don't].　((5)の答え)

得点アップアドバイス

1 ....
　現在進行形の疑問文は be 動詞で文を始める。

be 動詞の使い分け

主語	be 動詞
I	am
3人称単数	is
you, 複数	are

2 ....
現在進行形の疑問文の答え方
　be 動詞の疑問文と同じように，be 動詞を使って答える。

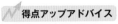

3 【疑問詞つきの現在進行形の疑問文】
次の英文の下線部をたずねる疑問文になるように，[　　]に適する語を書きましょう。

☑ (1)　Nick is <u>watching TV</u>.
[　　　　　] [　　　　　　　　] Nick doing?

☑ (2)　My mother is <u>talking with my grandmother on the phone</u>.
[　　　　　] [　　　　　　　　] your mother [　　　　　　　]?

☑ (3)　<u>My sister</u> is making a cake.
[　　　　　] [　　　　　　　　] making a cake?

4 【疑問詞つきの現在進行形の疑問文と答え方】
[　　]に適する語を書きましょう。

☑ (1)　あなたは何をしていますか。――私は料理をしています。
What [　　　　　　　] you [　　　　　　]?
――I'm [　　　　　　].

☑ (2)　あなたたちは何を勉強していますか。
――私たちは国語を勉強しています。
[　　　　　　] are you [　　　　　　]?
――We [　　　　　] [　　　　　　　] Japanese.

☑ (3)　だれが歌っているのですか。――私の妹です。
[　　　　　] is [　　　　　　　]?
―― My sister [　　　　　　].

☑ (4)　少年たちはどこでサッカーをしているのですか。
――彼らは学校の校庭でしています。
[　　　　　] [　　　　　　　] the boys playing soccer?
―― They [　　　　　] playing in the schoolyard.

5 【疑問文と答え方】
適する語を[　　]に書いて，対話文を完成させましょう。

☑ (1)　*A:* [　　　　　　　] you helping your mother?
B: Yes, I [　　　　　　].

☑ (2)　*A:* [　　　　　　] your father washing his car?
B: No, he [　　　　　].

☑ (3)　*A:* [　　　　　　] they speaking in English?
B: No, they [　　　　　].

☑ (4)　*A:* What [　　　　　] Hide and Kazu doing?
B: [　　　　] [　　　　　　　] playing video games.

⚡ 得点アップアドバイス

③ ‥‥‥‥‥‥‥‥‥‥

(3)　Who を主語にして，「だれが～？」とたずねる文にする。

④ ‥‥‥‥‥‥‥‥‥‥

(2)　「何を勉強しているか」とたずねる文。

(3)　疑問詞が主語になる疑問文。

いろいろな疑問詞

what	何(が，を，の)
who	だれ(が)
whose	だれの(もの)
which	どれ(が，を，の)
when	いつ
where	どこ(に，で)
why	なぜ
how	どうやって，どのように

⑤ ‥‥‥‥‥‥‥‥‥‥

(4)の Hide and Kazu は複数の主語だね。

21 現在進行形の疑問文

Step 2　　実力完成問題　　 解答▶ 別冊 p.33

1 ♪【リスニング】
会話と質問を聞いて，その答えとして最も適するものをア〜ウの中から 1 つ選び，記号に○をつけましょう。

(1) ［ア　English.　　　イ　Math.　　　ウ　Science.］

(2) ［ア　Watching TV.　　イ　Using a computer.　　ウ　Playing a video game.］

(3) ［ア　Ann.　　　イ　Ann's father.　　　ウ　Ann's mother.］

2 【適語補充】
適する語を［　　］に書きましょう。

(1) あなたは運転中ですか。——はい，そうです。
［　　　　　　　］ you ［　　　　　　　］?
—— Yes, I ［　　　　　　　］.

(2) お母さんはケーキを作っているところですか。——いいえ，ちがいます。
［　　　　　　　］ Mom ［　　　　　　　］ a cake?
—— No, she ［　　　　　　　］.

✓よくでる (3) 雄二と加奈は何をしていますか。——彼らは庭で遊んでいます。
［　　　　　］ ［　　　　　　　］ Yuji and Kana ［　　　　　　　］?
—— They're ［　　　　　　　］ in the yard.

ミス注意 (4) だれがお母さんと電話で話しているのですか。——鈴木さんです。
［　　　　　　　］ ［　　　　　　　］ with your mother on the phone?
—— Ms. Suzuki ［　　　　　　　］.

ハイレベル (5) ここに何人の男の子がやってきますか。——5 人です。
How many boys ［　　　　　　　］ ［　　　　　　　］ here?
—— Five.

3 【対話文完成】
適する語を［　　］に書いて，対話文を完成させましょう。

(1) *A:* ［　　　　　　　］ you eating an apple?
B: No, ［　　　　　　　］ ［　　　　　　　］. I'm eating an orange.

(2) *A:* ［　　　　　　　］ your brother studying in his room?
B: Yes, ［　　　　　　　］ ［　　　　　　　］.

(3) *A:* ［　　　　　　　］ they taking pictures?
B: No, ［　　　　　　　］ ［　　　　　　　］. They're watching birds.

✓よくでる (4) *A:* Hi, Ken. ［　　　　　　　］ are you eating?
B: I'm eating a hamburger.

94

4 【並べかえ】

次の（　　）内の語を並べかえて，日本文の意味を表す英文を書きましょう。ただし，それぞれの選択肢には使わない語が１つずつ含まれています。

(1) あなたはどのように休暇を過ごしていますか。
(you / do / how / are / vacation / spending / your)?

ハイレベル (2) あなたはだれを待っているのですか。(are / for / you / waiting / who / is)?

5 【英問英答】

次の絵は，ある教室の現在の様子を表しています。絵の内容に合うように，下のそれぞれの質問に英語で答えましょう。

(1) Is Masaya drawing a picture on the board?

(2) What is Tomoko doing?

(3) Who is sleeping?

入試レベル問題に挑戦

6 【和文英訳】

次の，健太(Kenta)とジェフ(Jeff)が会話している場面を読んで，下線部の内容を英語で書きましょう。

Jeff: やあ，健太。(1)どこへ行くの？
Kenta: あれ，ジェフ。(2)君の家に向かっているところだよ。
Jeff: え？　校門の前で待ち合わせ，って約束じゃないか。

(1)

(2)

💡 ヒント
(2) 健太は自分のことを言っているので，主語は「私は」になる。

定期テスト予想問題 ④

時間 50分
解答 別冊 p.34

得点

／100

出題範囲：場所を表す前置詞，代名詞，感嘆文，現在進行形

1 ♪ 【リスニング】次の絵は，舞(Mai)の家の現在の様子を表したものです。(1)〜(4)の英文を聞いて，その内容に適する人や物を探して，記号で答えなさい。　【4点×4】

(1)		(2)		(3)		(4)	

2 次の[　]内から適する語を選び，記号で答えなさい。　【3点×5】

(1) Please look at the picture [ア in　イ on　ウ at] the wall.

(2) Bill, come with [ア we　イ our　ウ us].

(3) Whose notebook is this?
　　―― It's [ア my　イ mine　ウ me].

(4) This is a present for you.
　　―― [ア What　イ Who　ウ How] nice!

(5) Emma is standing [ア between　イ front　ウ of] Tom and Ann.

(1)		(2)		(3)		(4)		(5)	

3 次の(　)内の語を適する形に書きかえなさい。　【4点×5】

(1) Look at that girl. Do you know (she) name?

(2) Please tell me about (they).

(3) He is (run) in the gym.

(4) Can I use this computer?
　　―― Sorry, I'm (use) it now.

(5) Ted, where is Jane?
　　―― In the kitchen. She's (wash) the dishes.

(1)		(2)		(3)	
(4)		(5)			

4 次の日本文に合うように，＿＿に適する語を書きなさい。 【5点×3】

(1) 私のかばんは机の下にあります。

My bag ＿＿＿＿ ＿＿＿＿ the desk.

(2) なんてすてきな自転車でしょう！

＿＿＿＿ a nice bike!

(3) だれがギターを弾いているのですか。——エディです。

Who ＿＿＿＿ ＿＿＿＿ the guitar? —— Eddie is.

(1)			(2)	
(3)				

5 次の美穂(Miho)とサム(Sam)の対話文を読んで，あとの問いに答えなさい。 【計20点】

Miho: Hi, Sam. ①(you / what / doing / are)?

Sam : I'm ②(draw) a picture.

Miho: Wow, (③) wonderful! You're a good artist.

Sam, please draw a picture for ④(I).

Sam : Sure!

(1) ①の(   )内の語を並べかえなさい。 (4点)

(2) ②と④の(   )内の語を適する形に直して書きなさい。 (4点×2)

(3) ③の(   )に入る最も適切な1語を書きなさい。 (4点)

(4) 美穂がサムに頼んだことはどんなことですか。 (4点)

(1)		(2)②		④	
(3)		(4)			

6 次のメアリー(Mary)と佐紀(Saki)の対話文を読んで，彼女たちが今していることを2つの英文で説明しなさい。 【7点×2】

Mary: Saki, look! How beautiful!

Saki : Wow, we are so high. The buildings are very small.

Mary: How long does it take to Singapore?

Saki : It takes six hours. Let's sleep.

Mary: Oh, I can't sleep. This trip is too exciting!

They are	.
They are	.

22 過去形

攻略のコツ 不規則動詞の過去形をしっかり覚えておこう！

テストに出る！ 重要ポイント

● **過去の文**
- ● 過去の内容を言うときは，動詞を**過去形**にする。
  - （例）I **played** tennis yesterday.（私は昨日テニスをしました。）
- ● 過去を表す語句

  yesterday（昨日）, last night（昨夜）, two days ago（2日前）
  last Sunday（この前の日曜日）, last year（去年）

● **規則動詞の過去形**
- ● 原形（もとの形）の語尾に **ed または d** をつける。
  - ❶ ed をつける：play → play**ed**, walk → walk**ed**
  - ❷ d をつける：live → liv**ed**, use → us**ed**
  - ❸ y を i にかえて ed：study → stud**ied**, carry → carr**ied**

● **不規則動詞の過去形**
- ● 1語1語不規則に変化する。
  go → **went**, come → **came**, get → **got**, have → **had**

● **否定文**
- ● 動詞の前に **did not**（短縮形は **didn't**）を入れる。
  - （例）I **didn't play** tennis.（私はテニスをしませんでした。）
  ▲動詞は原形にする。

Step 1　基礎力チェック問題

解答▶ 別冊p.35

1 【現在の文と過去の文】
適する語を[　　]内から選びましょう。

☑(1) 私は毎朝，母を手伝います。
I [help / helps / helped] my mother every morning.

☑(2) 父は歩いて通勤しています。
My father [walk / walks / walked] to his office.

☑(3) 私たちは昨日，この DVD を見ました。
We [watch / watches / watched] this DVD yesterday.

☑(4) テッドがこのラケットを使いました。
Ted [use / uses / used] this racket.

☑(5) 彼らはこの前の日曜日，その動物園へ行きました。
They [go / goes / went] to the zoo last Sunday.

得点アップアドバイス

1
一般動詞の過去形
　過去の文は，動詞を過去形にして表す。主語が3人称単数でも形は変わらない。
(2) 主語が3人称単数で，現在の文であることに注意する。

2 【一般動詞の過去形】

（　　）内の動詞を過去形にかえて書きましょう。

☑ (1) I [　　　　　　　] in Osaka last year. （live）

☑ (2) You [　　　　　　] soccer yesterday. （play）

☑ (3) We [　　　　　　] very hard last night. （study）

☑ (4) The girls [　　　　　　] the party very much. （enjoy）

☑ (5) They [　　　　　　] their desks to the classroom. （carry）

☑ (6) We [　　　　　] at the department store. （stop）

☑ (7) My friends [　　　　　　] to my house around three. （come）

☑ (8) She [　　　　　] Mr. Ueda in the library. （see）

☑ (9) Misa and Yuta [　　　　　] up at seven. （get）

3 【否定文】

適する語を[　　]に書きましょう。

☑ (1) 私はそのくつの色が好きではありませんでした。

I [　　　　　] [　　　　　　　] like the color of the shoes.

☑ (2) 彼女はそのイベントでボランティアとして働きませんでした。

She [　　　　　] [　　　　　　] as a volunteer at the event.

☑ (3) 私の父は昨日，私たちと昼食を食べませんでした。

My father [　　　　　] [　　　　　] lunch with us yesterday.

☑ (4) 私たちはこの前の土曜日に買い物へ行きませんでした。

We [　　　　] [　　　　　　] shopping last Saturday.

4 【過去を表す語句】

適する語を[　　]に書きましょう。

☑ (1) 私たちは昨日，サッカーをしました。

We played soccer [　　　　　　].

☑ (2) 彼らはこの前の月曜日にその男性を見かけました。

They saw the man [　　　　　] [　　　　　].

☑ (3) 私は2日前にその祭りを楽しみました。

I enjoyed the festival two days [　　　　　].

☑ (4) 彼は去年，沖縄を訪れました。

He visited Okinawa [　　　　　] [　　　　　].

得点アップアドバイス

2

規則動詞の ed のつけ方

動詞の語尾	つけ方
ふつう	ed
e で終わる	d だけ
〈子音字＋y〉	y → ied

〈その他〉 stop（止まる）→ stopped のように，語尾の1字を重ねて ed をつける語もある。

(7)～(9) 不規則動詞は1語1語不規則に変化する。

3

(2) as a volunteer は「ボランティアとして」という意味。

(4) go shopping で「買い物に行く」。

4

過去を表す語句をチェックしよう！
・yesterday
（昨日）
・last ～
（この前の～）
・～ ago （～前）

1 ♪ 【リスニング】
次の絵は，健たちが冬休みにしたことについて話したことを表しています。(1)〜(3)の英文を聞いて，その内容に最も適するものを選び，記号で答えましょう。

(1) [　　　] 　(2) [　　　] 　(3) [　　　]

ア　イ　ウ

2 【語形変化】
次の(　)内の語を適する形に直して，[　]に書きましょう。

✓よくでる (1) I [　　　　　　] English last night. （study）

✓よくでる (2) Lisa [　　　　　　] a good time in Kamakura two days ago. （have）

(3) We [　　　　　　] TV yesterday. （watch）

(4) My father [　　　　　　] hard last week. （work）

(5) Maki and Yumi [　　　　　　] with their uncle last summer. （stay）

(6) My mother [　　　　　　] my cell phone this morning. （use）

(7) They [　　　　　　] jam for us last year. （make）

(8) She [　　　　　　] home at five yesterday. （come）

3 【適語補充】
適する語を [　] に書きましょう。

✓よくでる (1) 私はこの前の日曜日に，母といっしょに買い物に行きました。
I [　　　　　　] shopping with my mother [　　　　　　] Sunday.

(2) 昨日，私の母は祖母に電話をかけました。
My mother [　　　　　　] my grandmother [　　　　　　].

ミス注意 (3) 私たちはそのテレビ番組がとても気に入りました。
We [　　　　　　] the TV program very much.

(4) 私はたくさんの鳥をその公園で見ました。
I [　　　　　　] a lot of birds in the park.

(5) 彼女は今朝，6時に起きませんでした。
She [　　　　] [　　　　　　] up at six this morning.

(6) 彼らは日本語を話しませんでした。
They [　　　　] [　　　　　　] Japanese.

4 【条件英作文】
次の表は，さやか(Sayaka)のふだんの行動と，昨日の実際の様子を表したものです。表の内容に合うように，(例)を参考にして，①ふだんのさやかの行動と②実際の行動についての英文を書きましょう。

	（例）	(1) 放課後	(2) 夕食前
ふだん	7時　起床	① テニス	① 母の手伝い
昨日	6時　起床	② 図書館へ行く	② 英語の勉強

（例）① Sayaka usually gets up at seven.
　　　② She got up at six yesterday.

(1)　①　_____

　　　②　_____

(2)　①　_____

　　　②　_____

入試レベル問題に挑戦

5 【誤文訂正】
次の英文は，玲さんが書いたものです。下線部(1)(2)の英文にはまちがいがあります。正しい文に直しましょう。

　I love fall in Kyoto very much. Every year I go to Kyoto with my mother. (1)Last week I go there with hers. We saw a lot of temples. We had a nice lunch near Kiyomizu-dera Temple. (2)I enjoy the trip to Kyoto very well.

(1)　_____

(2)　_____

　💭 **ヒント**
　(1)「先週，私は彼女といっしょにそこへ行きました。」という意味。2か所まちがいがある。
　(2)「私は京都への旅行をとても楽しみました。」という意味。2か所まちがいがある。

過去の疑問文

攻略のコツ 一般動詞の現在と過去の疑問文のちがいをしっかりと区別しよう！

テストに出る！ **重要ポイント**

● **過去の疑問文の形と答え方**
  ❶ 一般動詞の過去の疑問文は，**Did** で文を始める。
    （例）**Did he play** tennis?（彼はテニスをしましたか。）
  ❷ 答え方：「はい」 ⇒ Yes, ～ **did.**
      「いいえ」⇒ No, ～ **didn't[did not].**

● **疑問詞を使った疑問文**
  ❶ 疑問詞で文を始めて，did ～? の疑問文を続ける。
  ❷ 答えるときは，Yes, No は用いず具体的に答える。

● **who が主語の疑問文**
  ● 〈疑問詞＋動詞の過去形 ～?〉の形。
  （例）**Who played** tennis? — Tom **did.**
    （だれがテニスをしましたか。—トムです。）

Step 1　基礎力チェック問題

解答 別冊 p.37

1 【過去の疑問文】
適する語を[　　　]に書きましょう。

☑ (1) あなたは昨日野球をしましたか。
    [　　　　　　　] you play baseball yesterday?

☑ (2) グリーンさんは日本に住んでいましたか。
    [　　　　　　] Mr. Green [　　　　　　　　] in Japan?

☑ (3) 彼らは昨夜数学を勉強しましたか。
    [　　　　　] they [　　　　　　　] math last night?

2 【過去の疑問文の答え方】
適する語を[　　　]内から選びましょう。

☑ (1) Do you like this game? —— Yes, I [am / do / did].

☑ (2) Are they reading a book? —— Yes, they [are / do / did].

☑ (3) Did you write a letter to Mr. Ito? —— Yes, I [am / do / did].

☑ (4) Did he come home at six? —— No, he [is / do / did] not.

☑ (5) Did your friends visit you yesterday?
    —— No, they [aren't / don't / didn't].

得点アップアドバイス

1
過去の疑問文
　一般動詞の過去の疑問文では，Did で文を始めて，Did you ～? のように表す。

(2)(3) Did ～? のあとの動詞は原形にする。

2
(1)(2) それぞれの疑問文が，Do, Are で始まっていることに注意。

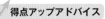

3 【疑問文と答え方】
適する語を[　　]に書いて，対話文を完成させましょう。

☑ (1)　*A:* [　　　　　　　　] you read this book?
　　　B: Yes, I did.
☑ (2)　*A:* Did he call Tom?
　　　B: No, he [　　　　　　] not.
☑ (3)　*A:* Did they walk with their dog yesterday?
　　　B: No, they [　　　　　].

4 【疑問詞つきの過去の疑問文と答え方】
適する語を[　　]に書きましょう。

☑ (1)　あなたは昨日，何をしましたか。――私は動物園へ行きました。
　　　What [　　　　　] you [　　　　　　　] yesterday?
　　　―― I [　　　　　] to the zoo.
☑ (2)　ジョーンズ先生はいつ昼食を食べましたか。
　　　――彼女は1時ごろ食べました。
　　　[　　　　　　] did Ms. Jones have lunch?
　　　―― She [　　　　　] lunch around one o'clock.
☑ (3)　昨夜はだれが料理をしましたか。
　　　――私の父がしました。
　　　[　　　　] [　　　　　　] last night?
　　　―― My father [　　　　　].
☑ (4)　あなたは教室に何人の生徒を見ましたか。
　　　――私は5人の生徒を見ました。
　　　[　　　　　] many students [　　　　　] you see in the
　　　classroom?
　　　―― I [　　　　　] five students.

5 【疑問詞つきの過去の疑問文と答え方】
適する疑問詞を[　　]に書いて，対話文を完成させましょう。

☑ (1)　[　　　　　　] did these boys go to school?
　　　―― They went by bike.
☑ (2)　[　　　　　　] did you live?
　　　―― We lived in London.
☑ (3)　[　　　　] [　　　　　　] did you get up?
　　　―― We got up at seven.

得点アップアドバイス

3
いずれも，Yes / No で
答えているので，ふつう
の疑問文。

4

(3)「だれが」が主語の
過去の疑問文では，did
を使わない。

5

(2)は場所を答えて
いるね。

1 ♪【リスニング】

会話と質問を聞いて，その答えとして最も適するものを下のア〜エの中から1つ選び，記号に○をつけましょう。

(1)
| ア　Yes, he did. | イ　No, he didn't. |
| ウ　Miki did. | エ　He studied math. |

(2)
| ア　A pen. | イ　A notebook. |
| ウ　A pencil case. | エ　An eraser. |

(3)
| ア　Lisa. | イ　Sam. |
| ウ　Lisa's mother. | エ　Sam's mother. |

2 【適語補充】

適する語を[　　]に書きましょう。

✓よくでる (1) 昨日あなたは宿題をしましたか。——はい，しました。

[　　　　　　　] you [　　　　　　　　] your homework yesterday?

—— Yes, I [　　　　　　　].

(2) 弘樹と優奈はパーティーに行きましたか。——いいえ，行きませんでした。

[　　　　　　] Hiroki and Yuna [　　　　　　　] to the party?

—— No, they [　　　　　　].

(3) いつ弘子は私に電話をくれたのですか。——正午ごろです。

[　　　　] [　　　　　　] Hiroko [　　　　　] me?

—— Around noon.

ミス注意 (4) だれがお皿を洗ってくれたのですか。——壮太です。

[　　　　　] [　　　　　　] the dishes? —— Sota [　　　　　].

3 【対話文完成】

適する語を[　　]に入れて，対話文を完成させましょう。

(1) A: [　　　　　] [　　　　　　] you live five years ago?

B: I [　　　　　] in Yokohama.

(2) A: [　　　　　] [　　　　　　] they see in the forest last night?

B: They [　　　　　] some foxes.　　　　　fox：きつね

(3) A: [　　　　　] [　　　　　　] you get here yesterday?

B: By train.

ハイレベル (4) A: [　　　　　] [　　　　　　] cats did you have?

B: I [　　　　　] three.

4 【適語補充】

次の英文は，由里(Yuri)とダン先生(Mr. Dan)の会話です。下線部をたずねる疑問文になるように，[　　]に適する語を書きましょう。

(1) *Mr. Dan:* [　　　　　　] [　　　　　　　　] [　　　　　　　　] you
　　　　　　[　　　　　　　　] up last Sunday?

　　Yuri: I got up at five thirty.

ハイレベル (2) *Mr. Dan:* [　　　　　　] [　　　　　　　　　] you [　　　　　　　] in Kobe?

　　Yuri: We visited my grandfather.

5 【条件英作文】

次のようなとき，英語ではどのように言いますか。

(1) 相手に，トムが昨夜早く帰った理由を聞く場合。

_____

ミス注意 (2) 相手にコンサートで何を聞いたのかをたずねる場合。

_____

入試レベル問題に挑戦

6 【和文英訳】

次の，結衣(Yui)とサラ(Sarah)が会話している場面を読んで，下線部の内容を英語で書きましょう。

　Yui: Hi, Sarah. (1)冬休みをどう過ごしたの？

Sarah: Hi, Yui. (2)冬休みはカナダでスキーをしたわ。

　Yui: Wow, great! (3)カナダにはどのくらい滞在したの？

Sarah: For two weeks.

(1) _____

(2) _____

(3) _____

💡 **ヒント**

(1) 「過ごす」は spend。主語の「あなたは」が省略されていることに注意。

(2) 「スキーをする」は ski。　(3) 「どのくらい（の期間）」は長さをたずねる疑問詞を使う。

24 be動詞の過去の文

リンク
ニューコース参考書
中1英語
p.208〜213

攻略のコツ was と were の使い分けをマスターしよう！

テストに出る！ 重要ポイント

● be 動詞の
　過去の文

● be 動詞の過去形は was と were の 2 つ。
　・主語が I，または 3 人称単数　→ **was**
　・主語が you，または複数　　　→ **were**
　（例）I **was** happy.（私はうれしかったです。）
　（例）We **were** busy.（私たちは忙しかったです。）

● 否定文

● was や were のあとに **not** を入れる。
　短縮形の **wasn't** や **weren't** がよく使われる。
　（例）I **was not[wasn't]** happy.（私はうれしくありませんでした。）
　（例）We **were not[weren't]** busy.
　　　　　　　　　　　　　　　（私たちは忙しくありませんでした。）

● 疑問文

❶ **Was** や **Were** で文を始める。
❷ 答え方：「はい」Yes, 〜 was. / Yes, 〜 were.
　　　　　　「いいえ」No, 〜 wasn't. / No, 〜 weren't.
　（例）**Was** he tired?（彼は疲れていましたか。）
　　　　― Yes, he **was**. / No, he **wasn't**.（はい。／いいえ。）
❸ **What** などの疑問詞つきの疑問文は，疑問詞で文を始める。

Step 1　基礎力チェック問題

解答　別冊 p.38

1 【be 動詞の過去の文】
適する語を [　　] 内から選びましょう。

得点アップアドバイス

1 ‥‥‥‥‥‥‥‥‥
過去を表す語句
last night（昨夜），
at that time（そのとき），
yesterday（昨日）は過去を表す語句。

☑ (1)　私は，昨夜は家にいました。
　　I [am / was / were] at home last night.

☑ (2)　エマはそのとき眠かった。
　　Emma [is / was / were] sleepy at that time.

☑ (3)　私たちは昨年小学生でした。
　　We [are / was / were] elementary school students last year.

(4)　天候について言うときは，主語は it を使う。

☑ (4)　昨日は雨が降って寒かったです。
　　It [is / was / were] rainy and cold yesterday.

(5)　Tom and his brother は複数。

☑ (5)　トムと彼の兄は先週シドニーにいました。
　　Tom and his brother [are / was / were] in Sydney last week.

2 【be動詞の過去の文】
適する語を[　　]に書きましょう。

☑(1) 彼らは放課後体育館にいました。

They [　　　　　　　] in the gym after school.

☑(2) 数学のテストはとても難しかったです。

The math test [　　　　　　　] very difficult.

☑(3) これは私の初めてのロンドン訪問でした。

This [　　　　　　　] my first visit to London.

☑(4) あなたは去年A組でしたね。

You [　　　　　　　] in Class A last year, right?

3 【否定文】
適する語を[　　]に書きましょう。

☑(1) 彼らはそのとき教室にいませんでした。

They [　　　　　] [　　　　　　　] in the classroom then.

☑(2) そのテレビ番組はおもしろくありませんでした。

The TV program [　　　　　] [　　　　　] interesting.

☑(3) 昨日は暑くありませんでした。

It [　　　　　　　] hot yesterday.

☑(4) 私たちは忙しくありませんでした。

We [　　　　　　] busy.

4 【疑問文と答え方】
適する語を[　　]に書きましょう。

☑(1) あなたは悲しかったですか。——いいえ，悲しくありませんでした。

[　　　　　　] you sad? —— No, I [　　　　　　　].

☑(2) 東京は晴れていましたか。——はい，晴れていました。

[　　　　　　] it sunny in Tokyo?

—— Yes, it [　　　　　　].

☑(3) コンサートはどうでしたか。——最高でした。

[　　　　] [　　　　　　　] the concert?

—— It [　　　　　　] great.

☑(4) あなたの誕生日プレゼントは何でしたか。——腕時計でした。

[　　　　] [　　　　　　　] your birthday present?

—— It [　　　　　] a watch.

☑(5) ケン，あなたはどこにいたの。——ぼくは図書館にいたよ。

Ken, [　　　　] [　　　　　　] you?

—— I [　　　　　　] in the library.

1　♪【リスニング】
英文と質問を聞いて，その答えとして最も適するものを下のア～エの中から1つ選び，記号に○をつけましょう。

(1)　ア　Yes, he is.　　　　　イ　No, he isn't.
　　　ウ　Yes, he was.　　　　エ　No, he wasn't.

(2)　ア　It was sunny.　　　　イ　It was rainy.
　　　ウ　It was cloudy.　　　　エ　It was warm.

(3)　ア　It was sad.　　　　　イ　It was cold.
　　　ウ　It was great.　　　　エ　It was boring.

2　【適語選択】
適する語を[　　]内から選びましょう。

✓よくでる (1)　My brother [is / was / were] tired at that time.

✓よくでる (2)　They [are / was / were] happy at the party yesterday.

(3)　The book [was / were / wasn't] not interesting.

ミス注意 (4)　Jeff, [was / were / are] you free last night?
　　　　—— No, I [was / wasn't / weren't].

(5)　[Was / Were / Are] Meg at home yesterday?
　　　　—— Yes, she [was / were / wasn't].

3　【適語補充】
適する語を[　　]に書きましょう。

(1)　その歌は若者の間でとても人気がありました。
　　　The song [　　　　　　　　] very popular among young people.

(2)　私は昨夜はかぜをひいていたので寝ていました。
　　　I had a cold, so I [　　　　　　　　] in bed last night.

✓よくでる (3)　昨日，東京は雨でしたか。——いいえ，雨ではありませんでした。
　　　[　　　　　　　　] it rainy in Tokyo yesterday?
　　　—— No, it [　　　　　　　　].

(4)　彼らはあなたに親切でしたか。——はい，親切でした。
　　　[　　　　　　　　] they kind to you?
　　　—— Yes, they [　　　　　　　　].

(5)　リサはそのとき，あまり疲れていませんでした。
　　　Lisa [　　　　　　] [　　　　　　　　] very tired then.

4 【対話文完成】
適する語を [   ] に書いて，対話文を完成させましょう。

(1) *A:* Were you hungry at that time?
　　B: Yes, [　　　　　] [　　　　　　　]. I didn't have lunch.

✓よくでる (2) *A:* Was your mother a teacher?
　　B: No, [　　　　　] [　　　　　　　]. She was a nurse.

(3) *A:* Were Tom and Andy in the classroom?
　　B: No, [　　　　　] [　　　　　].

ハイレベル (4) *A:* [　　　　　] [　　　　　] your vacation?
　　B: It was great! I enjoyed camping.

5 【並べかえ】
次の（　　）内の語を並べかえて，日本文の意味を表す英文を書きましょう。ただし，それぞれの選択肢には使わない語が１つずつ含まれています。

(1) 彼は放課後そこにいませんでした。
(school / there / was / he / not / wasn't / after).

_____

(2) 昨日の大阪の天気はどうでしたか。
(weather / how / is / was / in / the) Osaka yesterday?

_____ Osaka yesterday?

(3) あなたはなぜそのとき眠かったのですか。
(sleepy / that / why / did / were / at / time / you)?

_____

入試レベル問題に挑戦 ....

6 【条件英作文】
裕二は，英語の授業で週末の出来事についてスピーチをすることになりました。下のメモを参考にして，空所に当てはまる語句を書き，スピーチの英文を完成させましょう。

| ・野球の試合があった。 |
| ・くもっていて寒かった。 |
| ・試合に勝った。 |
| ・とてもうれしかった。 |

I had a baseball game on the weekend.
① _____ cloudy and cold.
Our team won the game.
② We _____.

💭 **ヒント**
① cloudy and cold は「くもっていて寒い」。天候を表す文にする。
② 「とてもうれしかった」を表す英文をつくる。

25 過去進行形

攻略のコツ was と were の使い分けをマスターしよう！

テストに出る！**重要ポイント**

● **過去進行形**
  ● **was 〜ing**, または **were 〜ing** で「〜していた」という意味で, 過去のあるときに進行中だった動作を表す。
  ・主語が I, または3人称単数 → **was 〜ing**
  ・主語が you, または複数 → **were 〜ing**
  （例）I **was swimming** then.（私はそのとき泳いでいました。）
  （例）They **were running**.（彼らは走っていました。）

● **否定文**
  ● was や were のあとに **not** をおいて, 動詞の ing 形を続ける。
  短縮形の **wasn't** や **weren't** がよく使われる。
  （例）I **wasn't** swimming.（私は泳いでいませんでした。）

● **疑問文**
  ❶ **Was** や **Were** で文を始める。答えるときは, was, were を使う。
  （例）**Were** you running then?（あなたはそのとき走っていましたか。）
    ― Yes, I **was**. / No, I **wasn't**.（はい。／いいえ。）
  ❷ What などの疑問詞つきの疑問文は, 疑問詞で文を始める。
  答えるときは, ふつう過去進行形で答える。
  （例）**What were** you doing?（あなたは何をしていましたか。）

Step 1　基礎力チェック問題

解答 別冊 p.40

1 【過去進行形の文】
適する語句を [　　] 内から選びましょう。

☑(1) 私はそのとき部屋で眠っていました。
  I [am / was / were] sleeping in my room then.
☑(2) 私の兄はそのとき勉強をしていました。
  My brother [is / was / were] studying then.
☑(3) 彼らはそのとき教室をそうじしていました。
  They [are / was / were] cleaning the classroom then.
☑(4) ジェーンはそのとき彼を待っていました。
  Jane [is waiting / was waiting / waited] for him at that time.
☑(5) 彼らは2年前, 京都に住んでいました。
  They [are living / was living / lived] in Kyoto two years ago.

得点アップアドバイス

1 ‥‥‥‥‥‥‥

(1)〜(3) 過去進行形は主語によって was と were を使い分ける。

(5) live は状態を表す動詞。

2 【過去進行形の文】

適する語を [　　] に書きましょう。

☑ (1) ボブはギターを弾いていました。

Bob [　　　　　　] [　　　　　　] the guitar.

☑ (2) 私は昨夜の9時は本を読んでいました。

I [　　　　　] [　　　　　] a book at nine last night.

☑ (3) 私たちはカフェで紅茶を飲んでいました。

We [　　　　　] [　　　　　] tea at the cafe.

☑ (4) 彼らはボールを探していました。

They [　　　　　] [　　　　　] for the ball.

☑ (5) アンはそのとき，彼に電話をしていました。

Ann [　　　　　] [　　　　　] him at that time.

3 【否定文】

適する語を [　　] に書きましょう。

☑ (1) 今朝は雨が降っていませんでした。

It [　　　　　] [　　　　　] raining this morning.

☑ (2) 彼女はそのとき宿題をしていませんでした。

She [　　　　　] [　　　　　] her homework then.

☑ (3) 私たちは音楽を聞いていませんでした。

We [　　　　　] [　　　　　] listening to music.

☑ (4) 彼らはそのコンピューターを使っていませんでした。

They [　　　　　] [　　　　　] the computer.

4 【疑問文】

適する語を [　　] に書きましょう。

☑ (1) あなたは走っていましたか。——はい，走っていました。

[　　　　　] you running? —— Yes, I [　　　　　].

☑ (2) あなたはメールを書いていましたか。——いいえ，書いていません。

[　　　　　] you [　　　　　] an e-mail?

—— No, I [　　　　　].

☑ (3) あなたは何をしていましたか。——私は友達と話していました。

[　　　　　] [　　　　　] you [　　　　　]?

—— I was talking with my friends.

☑ (4) だれがその歌を歌っていましたか。——ビリーです。

[　　　　　] [　　　　　] [　　　　　] the song?

—— Billy was.

過去進行形の疑問文は，現在進行形のつくり方と同じだね。be動詞に気をつけよう。

1　♪ 【リスニング】
次の絵は，慎吾が朝，教室に入ったときの様子を表しています。英文を聞いて，その内容に適する人物を絵のア〜エの中から探して，記号で答えましょう。

(1) [　　　]　　(2) [　　　]　　(3) [　　　]　　(4) [　　　]

2　【適語選択】
適する語を[　　]内から選びましょう。

✓よくでる (1)　My mother [did / was / were] cooking in the kitchen then.

(2)　It was [snow / snows / snowing] this morning.

(3)　[Was / Were / Did] you reading in the library?

(4)　Yumi [wasn't / weren't / didn't] listening to music.

(5)　Where [was / were / did] you going? — To the flower shop.

3　【適語補充】
適する語を[　　]に書きましょう。

✓よくでる (1)　たくさんの人たちがプールで泳いでいました。

A lot of people [　　　　　　] [　　　　　　　　] in the pool.

(2)　私は昨夜の8時はふろに入っていました。

I [　　　　　　] [　　　　　　　] a bath at eight last night.

(3)　彼らはそのときサッカーをしていませんでした。

They [　　　　　　] [　　　　　　　] soccer at that time.

(4)　あなたは何を食べていたのですか。——私はチョコレートを食べていました。

[　　　　] [　　　　　　] you [　　　　　　]?

—— I was eating chocolate.

(5)　あなたは夕食後にテレビを見ていましたか。——いいえ，見ていませんでした。

[　　　　　] you [　　　　　] TV after dinner?

—— No, I [　　　　　].

4 【対話文完成】
適する語を［　　　］に書いて，対話文を完成させましょう。(4)は下線部をたずねる疑問文にしましょう。

(1) A: Were they practicing basketball in the gym at that time?
B: Yes, [　　　　　　] [　　　　　　].

✓よくでる (2) A: Was Mr. Hill washing his car?
B: No, [　　　　　　] [　　　　　　].

(3) A: [　　　　　　] [　　　　　　] the boys running?
B: They were running around the pond in the park.

✓よくでる (4) A: [　　　　　　] was Tom [　　　　　　] then?
B: He was sleeping.

5 【並べかえ】
次の(　　)内の語を並べかえて，日本文の意味を表す英文を書きましょう。ただし，それぞれの選択肢には使わない語が1つずつ含まれています。

(1) 私の弟は部屋をそうじしていませんでした。
(brother / my / room / not / cleaning / wasn't / the).

ハイレベル (2) だれがそのコンピューターを使っていましたか。
(were / who / was / the / using / computer)?

入試レベル問題に挑戦

6 【条件英作文】
次のようなとき，英語ではどのように言いますか。

(1) 相手に，8時ごろ何をしていたかをたずねるとき。

(2) 相手にそのとき，どこでピアノを弾いていたのかをたずねるとき。

(3) 昨夜の天気について雨が降っていなかったと説明するとき。

ヒント
(1) 「何をしていたか」とたずねるので，過去進行形にすればよい。
(2) 「どこで」は where。　(3) 「雨が降る」は rain。

26 There is 〜. / There are 〜.

リンク
ニューコース参考書
中1英語
p.226〜229

攻略のコツ There に続く be 動詞の使い分けと語順に注意しよう！

テストに出る！ **重要ポイント**

- 「〜がある[いる]」という文
  - ❶ 「〜が…にある」「〜が…にいる」と言うときは，〈There is[are] 〜＋場所を表す語句.〉で表す。この There には「そこに」という意味はない。
  - ❷ be 動詞は主語（「〜」に当たる語句）によって使い分ける。
    - （例）**There is** a dog by the door.（1匹の犬がドアのそばにいます。）
    - （例）**There are** two dogs by the door.（2匹の犬がドアのそばにいます。）
  - ❸ 「〜がいた」「〜があった」と過去のことを表す場合は，was, were を使う。

- 否定文
  - ● be 動詞のあとに not をおく。
    - （例）**There wasn't** a park near here.
      - （この近くに公園はありませんでした。）

- 疑問文
  - ❶ be 動詞で文を始める。答えるときも there や be 動詞を使う。
    - （例）**Is there** a station near here? — Yes, **there is.**
      - （この近くに駅はありますか。—はい，あります。）
  - ❷ 「いくつの〜がありますか」「何人の〜がいますか」と数をたずねるときは，〈How many＋複数名詞＋are there …?〉を使う。
    - （例）**How many students are there** in the classroom?
      - （教室には何人の生徒がいますか。）

Step 1 　基礎力チェック問題

解答▶ 別冊 p.41

1 【There is 〜. / There are 〜. の文】
適する語句を[　]内から選びましょう。

- ☑ (1) 私の家のそばに大きな公園があります。
  There [is / are / was] a big park near my house.
- ☑ (2) テーブルの上には何枚か皿があります。
  There [is / are / were] some plates on the table.　plate：皿
- ☑ (3) 体育館にはたくさんの生徒がいました。
  There [are / was / were] many students in the gym.
- ☑ (4) 壁には絵が1枚はってあります。
  There is [picture / a picture / the picture] on the wall.

得点アップアドバイス

1
There に続く be 動詞は主語や，現在・過去によって使い分ける。

(4) the は特定の物につける。

114

2 【There is ～. / There are ～. の文】
適する語を[　　]に書きましょう。

得点アップアドバイス

2 ．．．．．．．．．．．．

☑ (1) 机の上には本が1冊あります。

[　　　　　　] [　　　　　　　　] a book on the desk.

☑ (2) 私の家の近くに図書館がありました。

[　　　　　　] [　　　　　　　　] a library near my house.

☑ (3) 京都にはたくさんの寺があります。

[　　　　　　] [　　　　　　　　] a lot of temples in Kyoto.

☑ (4) 木の下に自転車が1台あります。

[　　　　　　　　] a bicycle under the tree.

(4) 空所の数から，短縮形を入れる。

3 【否定文】
適する語を[　　]に書きましょう。

3 ．．．．．．．．．．．．

☑ (1) このあたりにはコンビニエンスストアはありません。

There [　　　　　　] [　　　　　　] a convenience store around here.

☑ (2) 公園にはまったく人がいません。

There [　　　　　　　] any people in the park.

☑ (3) 箱の中にはクッキーは1枚もありませんでした。

[　　　　　　] [　　　　　　　] any cookies in the box.

☑ (4) 私たちの町には博物館はありません。

[　　　　　　] [　　　　　　　] a museum in our town.

(2)～(4) 空所の数から，短縮形を使う。

4 【疑問文】
適する語を[　　]に書きましょう。

4 ．．．．．．．．．．．．

☑ (1) だれか部屋にいますか。――いいえ，いません。

[　　　　　　] [　　　　　　　] anyone in the room?

―― No, [　　　　　　] isn't.

☑ (2) 図書室には英語の本がありますか。――はい，あります。

[　　　　　　] [　　　　　　　] any English books in the library?

―― Yes, [　　　　　　] are.

☑ (3) あなたのクラブには部員が何人いますか。――約30人です。

[　　　　　　] [　　　　　　　] members are [　　　　　　　] in your club?

―― There are about thirty.

(1)の anyone は単数扱いだよ。

26 There is ～. / There are ～.

1 ♪【リスニング】

次の絵に関する英語の質問を聞いて，その答えを英語で書きましょう。

(1) _____

(2) _____

2 【適語選択】

適する語を [　] 内から選びましょう。

✓よくでる (1) There [is / was / were] a lot of people on the train.

(2) There [is / are / were] a big tree near my house.

(3) [There / There's / They] wasn't a bag under the desk.

(4) [Are / Is / Was] there any hospitals around here?

ミス注意 (5) What's in your bag? ——[I'm / It's / There's] a smartphone.

3 【適語補充】

適する語を [　] に書きましょう。

✓よくでる (1) その部屋にはいすが2脚ありました。

[　　　　　] [　　　　　　　　] two chairs in the room.

(2) すみません。このあたりに駅はありますか。

Excuse me. [　　　　　　] [　　　　　　] any stations around here?

ハイレベル (3) 通りにはレストランがありませんでした。

[　　　　　　] [　　　　　　　　] any restaurants on the street.

ミス注意 (4) 冷蔵庫の中には卵がいくつありますか。—— 10個あります。

[　　　　　] [　　　　　　] [　　　　　　] are there in the fridge?

—— There are ten.

fridge：冷蔵庫

4 【適文選択】
適する応答文をア～ウから選んで，記号に○をつけましょう。

(1) Are there any pictures on the wall?
［ ア　Yes, they are.　　イ　Yes, there are.　　ウ　No, there isn't. ］

(2) Was there an old building near here?
［ ア　No, it isn't.　　イ　No, there wasn't.　　ウ　No, there isn't. ］

(3) What's on the desk?
［ ア　Yes, it is.　　イ　There are four.　　ウ　There is a cup. ］

5 【並べかえ】
次の（　　）内の語を並べかえて，日本文の意味を表す英文を書きましょう。ただし，それぞれの選択肢には使わない語が１つずつ含まれています。

よくでる (1)　私たちの学校の近くにはきれいな公園があります。
(near / beautiful / there / are / is / a / school / park / our).

_____

よくでる (2)　その部屋には窓がありましたか。
(room / the / windows / there / was / were / in / any)?

_____

ハイレベル (3)　空には雲が１つもありませんでした。
(were / was / sky / clouds / the / there / no / in).

_____

入試レベル問題に挑戦

6 【条件英作文】
次の絵についての質問に，３語以上の英語で答えましょう。

① What's under the desk?

_____

② Are there any pens on the desk?

_____

③ How many books are there on the desk?

_____

💡 ヒント
「３語以上の英語」の条件に合うように文を考える。
③　How many ～? には数を答える。

27 場面別表現

攻略のコツ それぞれの場面で使う定番表現をマスターしよう！

テストに出る！ 重要ポイント

● **許可を求める・依頼する表現**
❶「〜してもいいですか」（許可）…**Can I 〜?**
❷「〜してくれますか」（依頼）…**Can you 〜?**

（応答）・Sure. / Of course.（もちろん。）　・OK. / All right.（わかった。）
・No problem.（いいですよ。）　・Sorry, but ....（ごめん，でも…。）

● **体調をたずねる表現**
・What's wrong? / What's the matter?（どうしたの？）
（応答）・I have a headache[toothache].（頭［歯］が痛いです。）
・I feel sick.（気分が悪いです。）　・I have a fever.（熱があります。）
・That's too bad.（それはいけませんね。）

● **注文の表現**
・What would you like?（何にいたしますか。）
— I'd like 〜.（〜をお願いします。）
・Would you like some 〜?（〜はいかがですか。）
— Yes, please.（はい，お願いします。）/ No, thank you.（いいえ，結構です。）

● **道案内の表現**
・How can I get to 〜?（〜へはどう行けばいいですか。）
— Go along this street.（この道に沿って進んでください。）
— Turn left[right] at 〜.（〜で左［右］に曲がってください。）

● **電話の表現**
・Hello. This is 〜.（もしもし。〈こちらは〉〜です。）
・May I speak to 〜?（〜をお願いします。）— Speaking.（私です。）
・Just a minute. / Hold on, please.（少しお待ちください。）
・Can I leave a message?（伝言をお願いしてもいいですか。）

Step 1　基礎力チェック問題

解答 別冊p.42

1　【依頼・許可の表現】
適する語句を[　　]内から選びましょう。

☑ (1)　ドアを開けてくれますか。
[Can you / Can I] open the door?

☑ (2)　もちろんです。[(1)の応答]
[Yes, please. / Sure. / Yes, you can.]

☑ (3)　この辞書を使ってもいいですか。——いいよ。
[Can you / Can I] use this dictionary? —— OK.

得点アップアドバイス

1　……………………
依頼や許可の Can 〜?
には ふつう，Yes, 〜
can. や No, 〜 can't. で
は応答しない。

2 【体調をたずねる表現】
適する語を[　]に書きましょう。

得点アップアドバイス

☑ (1) どうしたのですか。——頭が痛いです。

　　　[　　　　　　　　] wrong? —— I [　　　　　　　] a headache.

☑ (2) 気分が悪いです。

　　　I [　　　　　　] [　　　　　　].

☑ (3) それはいけませんね。

　　　That's [　　　　　　] [　　　　　　].

2

(2) 「私は体調が悪いと感じる」と考える。

3 【注文の表現】
適する語を[　]に書きましょう。

☑ (1) 何にいたしますか。——サラダをお願いします。

　　　What [　　　　　　] you [　　　　　　]?

　　　——[　　　　　　] like salad.

☑ (2) 何かお飲み物はいかがですか。

　　　[　　　　　　] you [　　　　　　] some drinks?

☑ (3) いいえ，結構です。[(2)の答え]

　　　No, [　　　　] [　　　　　　].

3

(1) 店員が注文をたずねている場面。応答の文は，短縮形が入る。

4 【道案内の表現】
適する語を[　]に書きましょう。

☑ (1) すみません。公園へはどう行けばいいですか。

　　　Excuse me. [　　　　　　] [　　　　　　] I get to the park?

☑ (2) 駅はどこですか。——この道に沿って進んでください。

　　　Where is the station? —— Go [　　　　　　] this street.

☑ (3) その角を左に曲がってください。

　　　[　　　　　　] left [　　　　　　] that corner.

4

(1) 道をたずねる表現は，この他にも，(2)のWhere is ～? や I'm looking for ～. (～を探しています) なども使う。

5 【電話の表現】
適する語を[　]に書きましょう。

☑ (1) もしもし。絵美です。

　　　[　　　　　　]. [　　　　　　] is Emi.

☑ (2) ジェーンをお願いします。

　　　May [　　　　　] [　　　　　　] to Jane, please?

☑ (3) 伝言をお願いしていいですか。——もちろん。

　　　Can [　　　　　] [　　　　　　] a message? —— Sure.

☑ (4) [切らずに]少しお待ちください。

　　　[　　　　　　] on, please.

5

電話で自分の名前を名乗るときは，This is ～. を使うんだね！

実力完成問題

---

1 ♪【リスニング】

対話と質問を聞いて，その答えとして最も適するものを下のア～エの中から 1 つ選び，記号に○をつけましょう。

(1)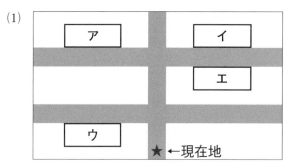

(2)

(3)
[
ア　He is having lunch.　　　イ　He is helping his mother.
ウ　He is talking on the phone.　エ　He is speaking with Jeff.
]

---

2 【適文選択】

次の対話文の [＿＿＿] に適する英文をア～ウから選び，記号に○をつけましょう。

(1) *A:* Hello. This is Ken. [＿＿＿]

B: Speaking. Hi, Ken. What's up?

[ア　Who are you?　　イ　Who's calling?　　　　ウ　May I speak to Jim?]

ミス注意 (2) *A:* What would you like?

B: [＿＿＿]

[ア　I like coffee.　　イ　I'd like coffee.　　　ウ　It's coffee.]

(3) *A:* Can you help me with my homework?

B: [＿＿＿]

[ア　Yes, you can.　　イ　Yes, please.　　　ウ　Yes, of course.]

---

3 【適語補充】

適する語を [　　] に書きましょう。

(1) 美術館へはどのように行けばいいですか。

How [　　　　　] I [　　　　　　] to the art museum?

✓よくでる (2) このペンを使ってもいいですか。——いいですよ。

[　　　　　] [　　　　　　] use this pen?　—— No problem.

(3) どうしたのですか。——私はかぜをひいています。

What's [　　　　　]?　—— I have a cold.

(4) 少しお待ちください。

[　　　　　] [　　　　　] minute, please.

4 【適文選択】

次のようなときの適切な言い方を下から選び，それぞれ記号で答えましょう。

(1) 相手がけがをしたと聞いて，「それはいけませんね。」と応答するとき。 [   ]

(2) 相手に用事を頼まれて，「いいですよ。」と応答するとき。 [   ]

(3) 相手の申し出に対して，「いいえ，結構です。」と断るとき。 [   ]

(4) 相手に用事を頼まれて，「できません。」と断るとき。 [   ]

ア No, thank you.	イ No problem.
ウ That's too bad.	エ Sorry, I can't.

5 【並べかえ】

次の（　）内の語句を並べかえて，日本文の意味を表す英文を書きましょう。ただし，それぞれの選択肢には使わない語が1つずつ含まれています。

✓よくでる (1) まっすぐ行って，その信号を右に曲がってください。

Go straight and (at / on / turn / traffic light / right / the).

Go straight and _____.

✓よくでる (2) 窓を開けてくれますか。

(you / I / the / open / window / can)?

_____

(3) 何かデザートはいかがですか。

(some / you / would / what / like / dessert)?

_____

入試レベル問題に挑戦 ···

6 【条件英作文】

次のようなとき，英語ではどのように言いますか。

(1) 駅への行き方をたずねるとき。

_____

(2) 係員に，ここで写真を撮ってもよいかたずねるとき。

_____

(3) 医師に，頭が痛いと伝えるとき。

_____

👆 **ヒント**

(2)「〜してもいいですか」と許可を求めるときの言い方。

28 その他の学習事項

攻略のコツ いろいろな文法事項をまとめて確認しよう！

テストに出る！ 重要ポイント

● **「〜に見える」のlookなど**
❶ 「〈主語が〉〜に見える」と言うときは〈主語＋look 〜.〉で表す。lookのあとには形容詞が続く。
（例）You **look happy**.（あなたはうれしそうですね。）
❷ 「〈主語が〉〜に聞こえる」と言うときは〈主語＋sound 〜.〉で表す。soundのあとには形容詞が続く。

● **「〜すること」を表すing形**
❶ 動詞のing形は名詞の働きをして「〜すること」という意味を表すこともある。
・like 〜ing は「〜することが好きだ」の意味。
・enjoy 〜ing は「〜することを楽しむ」の意味。
・be good at 〜ing は「〜することが得意である」の意味。

● **未来のことを表す文**
❶ 「〜するつもりだ」「〜する予定だ」のように未来のことを言うときは **be going to** を使う。toのあとには動詞の原形を続ける。
（例）I'm **going to** visit Nara next week.（私は来週奈良を訪れます。）
❷ 未来のことは **will** を使っても表せる。willは助動詞なので，あとに動詞の原形を続ける。
（例）She **will be** back soon.（彼女は間もなく戻るでしょう。）

● **いろいろな助動詞**
・have to（〜しなければならない）※主語が3人称単数のときは has to
・don't have to（〜する必要はない）※3人称単数では doesn't have to
・must（〜しなければならない）・mustn't（＝ must not）（〜してはいけない）
・may（〜してもよい）※May I 〜? で「〜してもよろしいですか。」

Step 1 基礎力チェック問題

解答 別冊 p.44

1 【「〜に見える」「〜に聞こえる」の文】
適する語句を[　]内から選びましょう。

☑(1) エマは悲しそうに見えます。
Emma [looks / watches / sounds] sad.

☑(2) あの雲は鳥のように見えます。
That cloud [looks / looks like / sounds] a bird.

☑(3) ［相手の話を聞いて］それはおもしろそうですね。
That [looks / watches / sounds] interesting.

得点アップアドバイス

1
(1) look（〜に見える）は be 動詞の文と同じように，主語と動詞のあとに続く語を「イコールの関係」でつなぐ。
(2) look like は「〜 に似ている」の意味。

2 【名詞の働きをする ing 形】
適する語を [　　] に書きましょう。

☑(1) 私はピアノを弾くことが好きです。
I [　　　　　] [　　　　　　　] the piano.

☑(2) 彼らはそのイベントで歌うことを楽しみました。
They [　　　　　] [　　　　　　　] at the event.

☑(3) ケンは料理をすることが得意です。
Ken is good [　　　　　] [　　　　].

2 ……………

(2)「〜を楽しむ」は enjoy。

3 【未来を表す文】
適する語句を [　　] 内から選びましょう。

☑(1) 私は次の週末にアンに会うつもりです。
I [can / will / am] going to meet Ann next weekend.

☑(2) 私たちは夏に沖縄を訪れる予定です。
We [can / will / are] going to visit Okinawa in summer.

☑(3) ジェーンは今度の日曜日に買い物へ行くつもりですか。
[Can / Is / Will] Jane going to go shopping next Sunday?

☑(4) 明日は雨が降るでしょう。
It [will / can / be] rain tomorrow.

☑(5) 彼女はよい選手になるでしょう。
She [will / will be / will is] a good player.

3 ……………

(1)(2) be going to の be 動詞は主語に合わせて使い分ける。

(3) be going to の疑問文は be 動詞を主語の前に出す。

(5) will は助動詞なので，動詞といっしょに使う。

4 【いろいろな助動詞】
適する語句を [　　] 内から選びましょう。

☑(1) 私はもう帰らなければなりません。
I [can / will / have to] go home now.

☑(2) 私は今日学校へ行く必要がありません。
I [don't / am not / can't] have to go to school today.

☑(3) 私たちは今晩は宿題をしなければなりません。
We [can / must / will] do our homework tonight.

☑(4) この部屋に入ってはいけません。
You [don't have to / will not / mustn't] enter this room.

☑(5) アンは早く家へ帰らなければなりません。
Ann [must / have / has] to go home early.

☑(6) ウッド先生，入ってもよろしいですか。
Mr. Wood, [can you / may I / do I] come in?

4 ……………

助動詞はひとつひとつ意味をちゃんと覚えようね。

(4)は禁止の意味を表すものを選ぶ。

1　♪【リスニング】
対話と質問を聞いて，その答えとして最も適するものをア～エの中から1つ選び，記号に○をつけましょう。

(1)
| ア | Playing tennis. | イ | Playing the flute. |
| ウ | Listening to music. | エ | Reading books. |

(2)
ア	Because he didn't eat lunch.
イ	Because he practiced soccer a lot.
ウ	Because he didn't sleep.
エ	Because he had a fever.

(3)
| ア | Go shopping. | イ | Go camping. |
| ウ | Visit her grandparents. | エ | Visit Kyoto. |

2　【適語選択】
適する語句を[　　]内から選びましょう。

✓よくでる (1)　私の兄はスポーツが好きです。彼は水泳が得意です。
My brother likes sports. He's good at [swim / swims / swimming].

✓よくでる (2)　彼らはサッカーの試合後，とてもうれしそうでした。
They [looked / looked like / looked at] very happy after the soccer game.

(3)　[相手の話を聞いて] それはよさそうですね！
That [hears / sounds / listens] nice!

(4)　私はテストのために，数学を勉強しなければなりません。
I [can / will / must] study math for the test.

ハイレベル (5)　リサは来週，京都へ行くつもりですか。
Is Lisa going to [go / goes / went] to Kyoto?

3　【適語補充】
適する語を[　　]に書きましょう。

✓よくでる (1)　ダンはギターを弾くことが好きです。
Dan [　　　　　　] [　　　　　　　　] the guitar.

ミス注意 (2)　私の妹は今晩夕食を作らなくてはなりません。
My sister [　　　　　　] [　　　　　　　　] cook dinner tonight.

(3)　私たちは土曜日に映画を見るつもりです。
We're [　　　　　　] [　　　　　　　　] see a movie on Saturday.

(4)　明日は晴れるでしょう。
It [　　　　　　] [　　　　　　　　] sunny tomorrow.

4 【並べかえ】
次の( )内の語句を並べかえて，日本文の意味を表す英文を書きましょう。ただし，
それぞれの選択肢の中には使わない語が1つずつ含まれています。

(1) あなたは食器を洗う必要はありませんよ。
(you / to / mustn't / wash / the dishes / have / don't).

_____.

✓よくでる (2) 私たちは日曜日に野球をして楽しみました。
We (playing / on / Sunday / liked / enjoyed / baseball).

We _____.

(3) 私はロンドンに1週間滞在する予定です。
(for / I'm / will / in London / going / stay / to) a week.

_____ a week.

ハイレベル (4) 彼は有名な歌手になるでしょう。
(will / famous / he / going / be / a / singer).

_____.

5 【条件英作文】
次の質問に，自分のことについて英語で答えましょう。

(1) Do you like reading books?

_____

ハイレベル (2) What are you going to do this weekend?

_____

入試レベル問題に挑戦

6 【条件英作文】
次のようなとき，英語ではどのように言いますか。

(1) 先生に，「レポートを終わらせる必要があるか」とたずねるとき。

_____

(2) 図書館で，友達に「ここで飲食は禁止だ」と注意するとき。

_____

(3) 相手に，この夏休みにどこを訪れるつもりかたずねるとき。

_____

💡 **ヒント**
(1) 自分がする必要があるかどうかをたずねる。 (2) 禁止する表現を考える。

時間	50分
解答	別冊 p.45

得点 　　　／100

出題範囲：過去の文，過去進行形，There is［are］～.，場面別表現

1 ♪【リスニング】対話と質問を聞き，その答えをア～エから選び記号で答えなさい。

【4点×4】

(1) ア He went shopping. イ He watched a baseball game.
　　 ウ He played basketball. エ He went to the park.
(2) ア It was sunny. イ It was cloudy.
　　 ウ It was rainy. エ It was snowy.
(3) ア He was calling Jane. イ He was taking a bath.
　　 ウ He was watching TV. エ He was studying.
(4) ア To the park. イ To the restaurant.
　　 ウ To the bookstore. エ To the flower shop.

(1)		(2)		(3)		(4)	

2 適する語句を［　　］内から選び，記号で答えなさい。

【3点×5】

(1) What［ア do　イ did　ウ was］they do last night? —— They had a party.
(2) I［ア wasn't　イ didn't　ウ am not］playing badminton in the park then.
(3) Sam and I［ア was　イ were　ウ did］in the classroom then.
(4) What would you like? ——［ア I　イ I'm　ウ I'd］like pizza, please.
(5) Emma was［ア read　イ reads　ウ reading］a book in the library.

(1)		(2)		(3)		(4)		(5)	

3 日本文に合うように，＿＿に適する語を書きなさい。

【4点×8】

(1) 私は今朝，朝食を食べませんでした。
　　I ＿＿＿＿＿ ＿＿＿＿＿ breakfast this morning.
(2) あなたは疲れているようですね。大丈夫ですか。
　　You ＿＿＿＿＿ ＿＿＿＿＿. Are you OK?
(3) 音楽室には何人か生徒がいましたか。 —— はい，いました。
　　＿＿＿＿＿ ＿＿＿＿＿ any students in the music room? —— Yes, ＿＿＿＿＿ ＿＿＿＿＿.

(1)		(2)	
(3)			

4 次の対話文の□に適する応答を下のア〜エから選び，記号で答えなさい。 【3点×4】

(1) What's wrong? —— □
(2) Can I use your pen? —— □
(3) Did Ms. Green live in Tokyo? —— □
(4) Were you in the gym yesterday? —— □

ア Yes, she did. 　　　　イ No, I wasn't.
ウ I have a headache. 　　エ Sure. Here you are.

(1)	(2)	(3)	(4)

5 次の健 (Ken) とテッド (Ted) の対話文を読んで，あとの問いに答えなさい。 【計15点】

(In the classroom)

Ken: Oh, Ted, where were you? I （ ① ） for you.

Ted: Sorry, Ken. ②(talking / I / with / Mr. Tanaka / was). What's up?

Ken: I can't finish this English report. （ ③ ） come to my house and help me with it?

Ted: Sure. I'll come to your house after school.

Ken: Thank you, Ted.

(1) ①の（ ）に「探していました」という意味を表す2語の英語を入れなさい。 (3点)
(2) ②の（ ）内の語句を並べかえて，正しい英文にしなさい。 (5点)
(3) ③に「〜してくれますか」の意味を表す2語の英語を入れなさい。 (3点)
(4) 次の質問に，3語の英語で答えなさい。 (4点)
　　Will Ted go to Ken's house today?

(1)		(2)	
(3)		(4)	

思考 6 右のトーナメント表は，先週潤 (Jun) がテニス大会に参加したときのものです。右の表から潤についてわかることを2つ，He で始まる英文で書きましょう。ただし，（ ）内の語句を必要に応じて適切な形に直して全て使いなさい。 【5点×2】

(win，the second game，the first game，lose)

	Masa	
Masa		Jun
Taichi	Masa	Jun	Akira

He	
He	

127

カバーイラスト	くじょう
ブックデザイン	next door design（相京厚史，大岡喜直）
	株式会社エデュデザイン
本文イラスト	オオイシ チエ，加納徳博
録音	（財）英語教育協議会（ELEC）
ナレーション	Dominic Allen, Karen Haedrich
英文校閲	Joseph Tabolt
編集協力	株式会社エデュデザイン
	上保匡代，小縣宏行，甲野藤文宏，佐藤美穂，水島郁，宮崎史子，渡邉聖子，渡辺泰葉
データ作成	株式会社四国写研
製作	ニューコース製作委員会

（伊藤なつみ，宮崎純，阿部武志，石河真由子，小出貴也，野中綾乃，大野康平，澤田未来，中村円佳，
渡辺純秀，水島潮，相原沙弥，佐藤史弥，田中丸由季，中西亮太，髙橋桃子，松田こずえ，山下順子，
山本希海，遠藤愛，松田勝利，小野優美，近藤想，辻田紗央子，中山敏治）

＼ あなたの学びをサポート！／

家で勉強しよう。
学研のドリル・参考書

URL	https://ieben.gakken.jp/
X（旧 Twitter）	@gakken_ieben

Web ページや X（旧 Twitter）では，最新のドリル・参考書の情報や，
おすすめの勉強法などをご紹介しています。ぜひご覧ください。

読者アンケートのお願い

本書に関するアンケートにご協力ください。右のコードか URL からアクセスし，アンケート番号を入力してご回答ください。ご協力いただいた方の中から抽選で「図書カードネットギフト」を贈呈いたします。

アンケート番号：305292

https://ieben.gakken.jp/qr/nc_mondai/

学研ニューコース問題集　中1英語

©Gakken

本書の無断転載，複製，複写（コピー），翻訳を禁じます。
本書を代行業者などの第三者に依頼してスキャンやデジタル化することは，
たとえ個人や家庭内の利用であっても，著作権法上，認められておりません。
学研の書籍・雑誌についての新刊情報・詳細情報は，下記をご覧ください。
［学研出版サイト］https://hon.gakken.jp/

この本は下記のように環境に配慮して製作しました。
●製版フィルムを使用しない CTP 方式で印刷しました。
●環境に配慮して作られた紙を使っています。

【 学研 ニューコース 】

問題集

中1英語

［別冊］

解答と解説

● 解説がくわしいので，問題
を解くカギやすじ道がしっ
かりつかめます。

● 特に誤りやすい問題には，
「ミス対策」があり，注意
点がよくわかります。

「解答と解説」は別冊になっています。
•••▶ 本冊と軽くのりづけされていますので，
はずしてお使いください。

Gakken

1 I am 〜. / You are 〜.

Step 1 基礎力チェック問題 （p.6-7）

1 (1) I (2) am (3) I am (4) I'm

解説 (1)(2)「私は〜です。」は I am 〜. で表す。I は「私（は）」という意味。

(3)「私は〜の出身です。」は I am from 〜. で表す。

(4)「私は〜です。」は短縮形を使うと, I'm 〜. で表すことができる。I am の短縮形の I'm ではアポストロフィ（'）を忘れないこと。

2 (1) You (2) are (3) You're

解説 (1) You are 〜. は「あなたは〜です。」

(2) You are from 〜. は「あなたは〜の出身です。」

(3) You are の短縮形は You're で表す。

3 (1) am not (2) I'm not

(3) are not (4) You're not[You aren't]

解説 (1)(2) I am 〜. の否定文（私は〜ではありません。）は am のあとに not を入れて, I am not 〜. で表す。amn't という短縮形はない。

(3) You are 〜. の否定文（あなたは〜ではありません。）は are のあとに not を入れて, You are not 〜. で表す。

(4) You're 〜. の否定文はあとに not を入れて, You're not 〜. で表す。また, are not の短縮形 aren't を用いて, You aren't 〜. としてもよい。

4 (1) you / I (2) Are / am

(3) Are you / am not (4) Are you / I'm

(5) Are you / I'm not

解説 (1)(2)「あなたは〜（の出身）ですか。」は Are you (from) 〜? で表す。「はい」なら, Yes, I am. と答える。

(3) Are you 〜?「あなたは〜ですか。」に「いいえ」で答えるときには, No, I am not. とする。

(4)(5) 答えの文の「いいえ」は, 空所の数から, 短縮形を用いて, No, I'm not. とする。

Step 2 実力完成問題 （p.8-9）

1 (1) C (2) B (3) B

解説 (1) ♪読まれた音声 A．I'm a junior high school student.（私は中学生です。）

B．I'm twelve.（私は12歳です。）

C．I'm sleepy.（私はねむいです。）

(2) ♪読まれた音声 A．I'm a baseball fan.（私は野球のファンです。）

B．I'm good at singing.（私は歌うことが得意です。）

C．I'm good at cooking.（私は料理が得意です。）

(3) ♪読まれた音声 A．*A:* Are you from Tokyo?（あなたは東京の出身ですか。）

B: Yes, I am.（はい, そうです。）

B．*A:* Are you from Canada?（あなたはカナダの出身ですか。）

B: Yes, I am.（はい, そうです。）

C．*A:* Are you from Canada?（あなたはカナダの出身ですか。）

B: No, I'm not.（いいえ, ちがいます。）

2 (1) ア (2) イ

解説 (1) ♪読まれた音声 Hi, I'm Lisa. I'm from the U.S.（こんにちは, 私はリサです。私はアメリカ合衆国の出身です。）

(2) ♪読まれた音声 *A:* Kenji, are you hungry now?（健二, あなたは今おなかがすいていますか。）

B: No, I'm not.（いいえ, すいていません。）

3 (1) am (2) I'm (3) You're (4) Are

解説 (2) be 動詞が空所の外にないので, be 動詞を含む I am の短縮形 I'm を選ぶ。

(3) You're は You are の短縮形。

4 (1) I'm (2) Are you

(3) I'm not (4) aren't

解説 (1)「私は〜です。」は短縮形を用いて I'm 〜. で表すこともできる。

(2)「あなたは〜ですか。」は Are you 〜? で表す。

(3)「私は〜ではありません。」は I am 〜. の am のあとに not を入れる。ここでは空所の数から I'm not 〜. と短縮形を使って表す。

5 (1) I am (2) I'm not

解説 (1) Are you 〜?「あなたは〜ですか。」の質問に Yes で答える場合, Yes, I am. とする。

> ミス対策 「あなたは？」と聞かれているので, 答えは主語が「私は」にかわることに注意。

(2) Are you 〜? に No で答える場合, No, I am [I'm] not. とする。空所の数から, 短縮形を用いる。

⑥ (例)(1) **Are you from Sydney? /**
　　　I am[I'm] from Yokohama.
　　(例)(2) **Are you a baseball fan? /**
　　　I am[I'm] a soccer fan.
　解説 (1) 相手の出身地をたずねて「あなたは〜の出身ですか。」は Are you from 〜? で表す。また，「私は〜の出身です。」は I am[I'm] from 〜. で表す。
　(2)「野球ファン」は a baseball fan で表す。

⑦ (1) **I'm**　(2) **I'm from**　(3) **I'm good**
　解説 (1) 自分の名前を伝えるときは My name is 〜. でもよいが，空所の数から I'm を入れる。
　(2) メモから，出身地を伝える文と考える。
　(3) メモから，「私は料理が得意です。」という文を作る。「私は〜が得意です。」は I'm good at 〜.

2　This is 〜. / That is 〜.

Step 1　基礎力チェック問題　(p.10-11)

① (1) **This**　(2) **is**　(3) **That**
　(4) **That's**　(5) **This**
　解説 (1)(2)「これ[こちら]は〜です。」は This is 〜. で表す。
　(3)(4)「あれ[あちら]は〜です。」は That is 〜. で表す。短縮形は That's。
　(5) this には，「この〜」という意味であとに名詞を続ける使い方もある。

② (1) **not**　(2) **is not**　(3) **not**
　(4) **That's not[That isn't]**
　(5) **That's not[That isn't]**
　解説 (1)〜(3) This[That] is 〜. の否定文（これ[あれ]は〜ではありません。）は，is のあとに not をおいて，This[That] is not 〜. で表す。
　(4) That's は That is の短縮形。否定文はあとに not を入れて，That's not で表す。あるいは，is not の短縮形 isn't を用いて，That isn't と表すこともできる。
　(5) 空所の数から，That is not は，That's not または That isn't の形で表す。

③ (1) **my**　(2) **our**　(3) **Hitomi's**
　(4) **brother's**

　解説 (1)「私の〜」は my 〜で表す。
　(2)「私たちの〜」は our 〜で表す。
　(3)「ひとみの〜」のように「（人の名前）の〜」は〈人名+'s 〜〉で表す。
　(4)「あなたのお兄さんの〜」は your brother（あなたのお兄さん）のあとに 's をつけて，your brother's 〜。

④ (1) ○　(2) ○　(3) ×　(4) ×　(5) ○
　(6) ○　(7) ×　(8) ○
　解説 (1)(2)(5)(6) いずれも，「1つ，2つ（1人，2人）…」と数えられる名詞なので，a や an をつけることができる。
　(3)「ブラウン先生」のような人名には a や an はつけない。
　(4) 教科名(言語名)には a や an はつけない。
　(7) my（私の）などの所有を表す代名詞といっしょに a は使わない。
　(8) eraser(消しゴム)は母音（[ア・イ・ウ・エ・オ]に似た音）で始まる語なので，前には an をつける。

Step 2　実力完成問題　(p.12-13)

① (1) **イ**　(2) **ア**　(3) **ウ**
　解説 (1) ♪読まれた音声 Ann, this is my bike.
　（アン，これはぼくの自転車です。）
　(2) ♪読まれた音声 Ann, this is my friend, Shinji.
　（アン，こちらはぼくの友達の信二です。）
　(3) ♪読まれた音声 Ann, that is my school.
　（アン，あれはぼくの学校です。）

② (1) **This is**　(2) **That is**　(3) **That's**
　(4) **That's not[That isn't]**　(5) **This isn't**
　解説 (1)「こちらは〜です。」は This is 〜. で表す。
　(2)「あれは〜です。」は That is 〜. で表す。
　(3) 空所の数から That is の短縮形 That's を用いる。
　(4)「あちらは〜ではありません。」は That is not 〜. で表す。ここでは空所の数から，短縮形 That's not 〜. または That isn't 〜. で表す。
　(5) 空所の数から，短縮形の This isn't 〜. を用いる。

③ (1) **×**　(2) **a**　(3) **an**　(4) **your**　(5) **my**
　解説 (1)「私の〜」は my 〜で表す。

ミス対策 my, your, our などの前に a, an はつかない。

(2) computer（コンピューター）など，数えられる名詞の前にはふつう a をつける。

(3) apple（リンゴ）は数えられる名詞。発音が母音で始まっているので，前には an をつける。

(4)「あなたの～」は your ～ で表す。

(5)「私の～」なので，my を入れる。「父の～」のように「（人）の～」は，あとに 's をつけて表す。

4 (1) **This is my brother.**
   (2) **That's not Ken's bike.**
   (3) **That flower is beautiful.**

解説 (1)「こちらは～です。」は This is ～. で表す。「私の弟」は my brother。

(2)「あれは～ではありません。」は That's not ～. で表す。「健の自転車」は Ken's bike。

(3)「あの花」は that flower。that には，あとに名詞を続けて「あの～」という意味を表す使い方もある。

5 (1) **This is Miki.** (2) **That is[That's] Ken.**

解説 (1)(2)「こちらは～です。」は This is ～.，「あちらは～です。」は That is[That's] ～. で表す。人名の前には a, an はつけない。

6 (例)(1) **This is Tokyo Station.**
   (例)(2) **That is not[That's not / That isn't] Mr. Mori.**

解説 (1) 近くのものをさして「これは～です」というときは This is ～. を使う。

(2) はなれたところにいる人をさして「あちらは～ではない」というときは That is not ～. を使う。That isn't ～. や That's not ～. でもよい。

---

3 Is this ～? / Is that ～?

Step 1 基礎力チェック問題（p.14-15）

1 (1) Is (2) that (3) it
   (4) is (5) it's (6) isn't

解説 (1) Is で文を始めて，Is this ～? の形にする。「これは～ですか。」という意味。

(2) Is that ～? で「あれは～ですか。」という意味。

---

that's は that is の短縮形。

(3) Is this ～? の疑問文に Yes で答えるときには，this を it にかえて，Yes, it is. とする。

(4)～(6) Is that[this] ～? の疑問文に No で答えるときには，that[this] を it にかえて，No, it is not. とする。it's は it is の短縮形で isn't は is not の短縮形。

2 (1) **Is this** (2) **Is that**
   (3) **Is that** (4) **Is that**

解説 (1)「これは～ですか。」は Is this ～? で表す。

(2)～(4)「あれ［あちら］は～ですか。」は Is that ～? で表す。That's は That is の短縮形。

3 (1) this / it (2) Is / is not
   (3) **Is that / it is**
   (4) **Is that / it's not[it isn't]**
   (5) **Is this / it's not[it isn't] / It's**

解説 (1)(2)「これは～ですか。」は Is this ～? で表す。Is this ～? の質問に Yes で答えるときは，this を it にかえて，Yes, it is. とする。No で答えるときは，this を it にかえて，No, it is not. とする。

(4) 空所の数から，短縮形を使って答える。

(5) No で答えたあと，「それは～です。」と説明を加えるときは It is[It's] ～. を使う。

Step 2 実力完成問題 （p.16-17）

1 (1) A (2) C (3) A

解説 (1) ♪読まれた音声 A. *A: Is this a park?*（これは公園ですか。）

B: Yes, it is.（はい，そうです。）

B. *A: Is this a bike?*（これは自転車ですか。）

B: Yes, it is.（はい，そうです。）

C. *A: Is that a train station?*（あれは電車の駅ですか。）

B: Yes, it is.（はい，そうです。）

(2) ♪読まれた音声 A. *A: Is that your bike?*（あれはあなたの自転車ですか。）

B: Yes, it is.（はい，そうです。）

B. *A: Is that your bag?*（あれはあなたのかばんですか。）

B: Yes, it is.（はい，そうです。）

C. *A: Is this a cat?*（これはネコですか。）

B: No, it's not. It's a dog.（いいえ，ちがいます。

それは犬です。）

(3) ♪読まれた音声 **A** . *A:* Is this your notebook?（こ
れはあなたのノートですか。）

B: No, it isn't. It's Yumi's notebook.（いいえ，
ちがいます。それは由美のノートです。）

B . *A:* Is this your racket?（これはあなたのラ
ケットですか。）

B: Yes, it is.（はい，そうです。）

C . *A:* Is this Yumi's notebook?（これは由美の
ノートですか。）

B: No, it isn't. It's my notebook.（いいえ，ちが
います。それは私のノートです。）

② (1) **Is** (2) **it** (3) **that** (4) **It's**

解説 (1)「これは～ですか。」は Is this ～? で表す。

(2) 問いの文の this は，答えの文では it で受ける。

(3)「あれは～ですか。」は Is that ～? で表す。

(4)「それは～です。」は It is[It's] ～. で表す。

③ (1) **Is this** (2) **it** (3) **Is that**

(4) **it's / It's** (5) **Is this / isn't**

解説 (2) 問いの文の this は答えの文では it で受け
る。

(4) Is that ～? に「いいえ」で答えるときには，
No, it is not. とする。ここでは，空所が1つなので，
it is の短縮形 it's を用いる。「それは～です。」は
It is ～. で表す。ここでは空所の数から，It is の
短縮形 It's を用いる。

④ (1) **Is this a bag?**

(2) **Is that my bike?**

解説 (1)「これは～ですか。」は Is this ～? で表す。

(2)「あれは～ですか。」は Is that ～? で表す。my
（私の）は名詞（bike）の前におく。

⑤ (1) **it is** (2) **It's** (3) **Is** (4) **it's**

解説 (1)「これはあなたの筆箱ですか。」という質
問に対して「はい」と答えている。問いの文の
this は答えの文では it にする。

(2)「それは姉[妹]からのプレゼントです。」空所
の数から短縮形を入れる。この It は前の文の
Your pencil case のこと。

(4) 空所の数とあとに not が続いていることから，
it's を入れる。

⑥ (例)(1) **Is this your desk?**

(例)(2) **No, it's not.[No, it isn't. / No, it**

is not.] **It's Dan's desk.**

(例)(3) **Is that Mt. Fuji?**

解説 (1)「これは～ですか。」は Is this ～? でたず
ねる。「あなたの机」は your desk。

(2)「いいえ。」は it's not や it isn't を省略して，
No. とだけ答えてもよい。「それは～です。」は It
is ～. でもよい。

(3) はなれたところにある物についてたずねるの
で，that を使う。

4　He is ～. / She is ～.

Step 1　基礎力チェック問題（p.18-19）

① (1) **He is** (2) **She is** (3) **He's**

(4) **She's**

解説 (1)(2)「彼は～です。」「彼女は～です。」とい
うときは，He や She のあとに be 動詞の is を続
ける。

(3) Mr. Jones は Mr. がついているので男性。一度
話に出てきた1人の男性には，he を使う。

(4) my mother は1人の女性なので she で受ける。
空所が1つなので，She is の短縮形 She's を用い
る。

② (1) **am** (2) **They** (3) **are** (4) **are** (5) **is**

解説 (1)「私は～です。」は I am ～. で表す。

(2)「彼らは」は they で表す。

(3) we（私たちは）のように複数の人が主語のと
き，be 動詞は are を用いる。

(4) 主語が My sister and I で複数の人なので，be
動詞は are を用いる。直前の I だけを見て，am
を選択しないこと。主語はまとまりで考える。

(5) 主語が This video で単数の物を表すので，be
動詞は is を用いる。

③ (1) **is not** (2) **is not**

(3) **are not** (4) **are not**

解説 (1)「彼は～ではありません。」は He is のあ
とに not をおいて，He is not ～. で表す。

(2)「彼女は～ではありません。」は She is not ～. で
表す。

(3)「私たちは～ではありません。」は We are not
～. で表す。

(4)「彼らは〜ではありません。」は，They are not
〜. を使って表す。

4 (1) He's　　(2) She's　(3) We're
　　(4) They're　(5) isn't　(6) You're

解説 (1)「彼は私たちの先生です。」He is の短縮
形は He's。

(2)「彼女は私の母ではありません。」She is の短
縮形は She's。

(3)「私たちは背が高い。」We are の短縮形は
We're。

(4)「彼らは日本にいません。」They are の短縮形
は They're。

(5)「彼はひまではありません。」is not の短縮形
は isn't。

(6)「あなたたちはよい生徒です。」You are の短
縮形は You're。you は単数と複数の形が同じ。

Step 2 実力完成問題　　　　(p.20-21)

1 (1) ウ　(2) ア

解説 (1) ♪読まれた音声 This is my friend, Kohei. He
is very good at soccer. （こちらは私の友達の浩
平です。彼はサッカーがとても上手です。）

(2) ♪読まれた音声 This is my friend, Beth. She is
from the U.S. She is a good tennis player. （こち
らは私の友達のベスです。彼女はアメリカ合衆国
の出身です。彼女はよいテニスの選手です[テニ
スが上手です]。）

2 (1) She　(2) He　(3) They　(4) are　(5) isn't

解説 (1)「あちらはブラウンさんです。彼女はティ
ムの母親です。」Ms. は女性に対して使う。主語
が 1 人の女性のときは She で受ける。

(2)「こちらは私の兄[弟]の雄馬です。彼はバス
ケットボールが得意です。」brother（兄，弟）か
ら，主語は 1 人の男性を表す He で受ける。

(3)「サラとジェーンは私のよい友達です。彼女た
ちは親切です。」主語は Sarah and Jane で複数。
主語は They で受ける。

(4)「こちらは私のクラスメイトの桜です。私たち
は 1 組です。」主語が複数のとき，be 動詞は are
を使う。

(5)「私の父は料理が得意ではありません。」主語
が My father なので isn't を選ぶ。

3 (1) He is　(2) She's
　　(3) We're not[We aren't]
　　(4) They are　(5) You're not[You aren't]

解説 (1)「彼は〜です。」は He is 〜.

(2) ここでは空所が 1 つなので She is の短縮形
She's を用いて表す。

(3)「私たちは〜ではありません。」は We are の
あとに not を入れて，We are not 〜. で表す。こ
こでは空所が 2 つなので，短縮形を用いて，
We're not か We aren't で表す。

(4)「彼らは〜です。」は They are 〜. で表す。

(5) 空所の数から「あなたたちは〜ではありませ
ん。」は You're not 〜. または You aren't 〜. で表す。

4 (1) He　(2) She's　(3) isn't　(4) He's

解説 (2)「彼女は〜です。」は She is 〜. で表す。
あとに be 動詞がないので，短縮形の she's を選ぶ。

(3)「彼は〜ではありません。」は He is not 〜. で
表す。空所の数から，短縮形の isn't を選ぶ。

(4) 空所の数と，そのあとに続く not から短縮形
の he's を選ぶ。

5 (1) He is not my friend.
　　(2) They are not from Canada.

解説 (1)「彼は〜ではありません。」は He is not 〜.
で表す。「私の友達」は my friend。

(2)「彼らは〜の出身です。」は They are from
〜. で表す。否定文なので，are のあとに not を
入れる。

6 (例)(1) this is Mr. Brown
　　(例)(2) He is[He's] from the U.S.

解説 (2)「〜の出身です。」は is from 〜で表す。

5　Is he 〜? / Is she 〜?

Step 1 基礎力チェック問題 (p.22-23)

1 (1) he / he　(2) Is / she
　　(3) Is / he's　(4) Is / she is

解説 (1) 主語が「彼は」なので he。Is he 〜? に
Yes で答えるときには，Yes, he is. とする。

(2) 主語が she の疑問文は is で文を始めて，Is
she 〜? で表す。No で答えるときには，No, she
isn't. とする。

(3) 主語が1人の男性なので，be 動詞は is を使う。〈Is ＋男性 ～?〉に No で答えるときには，No, he is not. とする。ここでは，he is を短縮形の he's にする。

(4) 主語が Ms. Ito で，1人の女性を表すので，be 動詞は is を使う。〈Is ＋女性 ～?〉に Yes で答えるときには，Yes, she is. とする。

2 (1) Are / we (2) they / they
　(3) Are / are

解説 (1)「私たちは A 組ですか。」「はい，そうです。」主語が we なので，be 動詞は Are を選ぶ。they は I や you を含まない複数の人を表すときに用いる。

(2)「彼らは空腹ですか。」「いいえ，空腹ではありません。」be 動詞が Are なので，主語は複数の人を表す they を選ぶ。Are they ～? の疑問文に No で答えるときには，No, they aren't. とする。

(3)「彼らは中国出身ですか。」「はい，そうです。」主語が複数の人を表す they なので，be 動詞は Are を選ぶ。Are they ～? の疑問文に Yes で答えるときには，Yes, they are. とする。

3 (1) Is he (2) Is she
　(3) Are they

解説 すべて疑問文にかえる。be 動詞の疑問文は，be 動詞で文を始めればよい。

(2) She's は She is の短縮形。

4 (1) he (2) Is / she
　(3) Are / they

解説 (1)「博人はあなたのお兄[弟]さんですか。」「はい，そうです。」your brother とあることから，主語の Hiroto は，1人の男性を表す。1人の男性を受けるときには he を用いる。

(2)「あなたのお母さんはサッカーファンですか。」「いいえ，ちがいます。」主語が your mother で，1人の女性を表す。また，1人の女性を受けるときには she を用いる。自分と相手以外の1人の人が主語のとき，be 動詞は is を用いる。

(3)「ブラウン夫妻はカナダの出身ですか。」「いいえ，ちがいます。」主語が Mr. and Mrs. Brown（ブラウン夫妻）で複数の人を表すので，be 動詞は are を使う。答えの文では，Mr. and Mrs. Brown は，they で表す。

5 (1) is in (2) are in[at] (3) is near[by]

解説 be 動詞は「…が（～に）いる[ある]」という意味も表す。be 動詞のあとに場所を表す語句が続く。

(1)「ニューヨークに」は in New York。

(2)「体育館に」は in[at] the gym。

(3)「公園の近くに」は near[by] the park。

Step 2 実力完成問題 （p.24-25）

1 (1) A (2) B (3) C

解説 (1) ♪読まれた音声 Is Lisa at home?（リサは家にいますか。）

A．No, she isn't.（いいえ，〈彼女は〉いません。）

B．Yes, he is.（はい，〈彼は〉います。）

C．No, he isn't.（いいえ，〈彼は〉いません。）

(2) ♪読まれた音声 Is Satoshi a soccer player?（智司はサッカー選手ですか。）

A．Yes, she is.（はい，〈彼女は〉そうです。）

B．Yes, he is.（はい，〈彼は〉そうです。）

C．No, he's not.（いいえ，ちがいます。）

(3) ♪読まれた音声 Are the boys in the gym?（男の子たちは体育館にいますか。）

A．Yes, they are.（はい，〈彼らは〉います。）

B．Yes, he is.（はい，〈彼は〉います。）

C．No, they aren't.（いいえ，〈彼らは〉いません。）

2 (1) Is / he (2) she / she's (3) they
　(4) are in (5) isn't near[by]

解説 (1) 主語が1人の少年なので，be 動詞は is。また，1人の少年なので，答えの文では he で受ける。

(2)「彼女は」が主語なので she を入れる。Is she ～? の質問に No で答えるとき，No, she is not. で表す。ここでは she is の短縮形 she's を入れる。

(3)「彼女たちは」が主語なので，they を入れる。

(4) 主語は Tom and Lisa で複数なので，are を入れる。「教室に」は in the classroom。

(5) 主語が Our school の否定文なので，isn't を入れる。「～の近くに」は near または by で表す。

3 (1) he is (2) she isn't[she's not]
　(3) we are (4) they aren't[they're not]

解説 (1)「ホワイトさんはサラのお父さんですか。」「はい，彼はそうです。」主語が Mr. White

で1人の男性なので，答えの文では he で受ける。he が主語のとき，be動詞は is を使う。

(2)「あの少女はかおりの姉[妹]ですか。」「いいえ，彼女はちがいます。」that girl は1人の女性なので，答えの文では she で受ける。答えは空所の数が2つなので，短縮形を用いて表す。

(3)「あなたとあなたの家族は京都にいますか。」「はい，います。」「あなたとあなたの家族は～」とたずねられているので，答えの文で「私たちは」を表す we を主語にする。be動詞は are を使う。

(4)「彼らは空腹ですか。」「いいえ，空腹ではありません。」主語が they なので，答えの文でも they で受ける。No で答えるときは，No, they are not. とするが，空所の数が2つなので，短縮形を用いて表す。

4 (1) Is Naomi from Canada?
(2) Is your father a teacher?

解説 (1)「～の出身です。」は is from ～. で表す。疑問文なので，be動詞 Is で文を始める。

(2) 主語は your father（あなたのお父さん）。「先生」を表す teacher の前に a をおくことを忘れないこと。

5 (1) Is he a basketball player?
(2) Is she an actor?

解説 (1)「あなたのお兄さんは背が高いですね。」に加える質問で，「はい。彼はとても上手な選手です。」と応じているので，「彼はバスケットボール選手ですか。」とたずねる文にする。basketball player の前に a をおくことを忘れないこと。

(2)「こちらは私の姉です。」「わあ，彼女は美しいですね。」に加える質問で，actor を使うので，「彼女は俳優ですか。」とする。actor は母音（「ア・イ・ウ・エ・オ」に似た音）で始まるので，前には an をつける。

6 (例)(1) Are you in China?
(例)(2) Are they angry?

解説 (1)「(国・地域)にいる」は is[am, are] in ～で表す。主語が「あなた」なので，be動詞は are を用いる。疑問文なので Are you in ～? とする。

(2)「彼らは～ですか。」とたずねる文は，主語が they で複数なので，be動詞は are を用いて Are they ～? で表す。「怒っている」は angry を使う。

1 (1) イ　(2) ア

解説 (1) ♪読まれた音声 This boy is my friend, Jack. He is a soccer player.（こちらの男の子は私の友達のジャックです。彼はサッカー選手です。）

(2) ♪読まれた音声 This girl is my sister, Jane. She is a tennis player.（こちらの女の子は姉[妹]のジェーンです。彼女はテニスの選手です。）

2 (1) A　(2) B　(3) C

解説 (1) ♪読まれた音声 A: Susan, is this your notebook?（スーザン，これはあなたのノートですか。）

B: A．Yes, it is.（はい，そうです。）
B．No, I'm not.（いいえ，〈私は〉ちがいます。）
C．Yes, she is.（はい，〈彼女は〉そうです。）

(2) ♪読まれた音声 A: Hi, I'm Susan. Nice to meet you.（こんにちは，私はスーザンです。はじめまして。）

B: Nice to meet you, too. I'm Jun. Susan, are you from Canada?（こちらこそはじめまして。ぼくは純です。スーザン，あなたはカナダ出身ですか。）

A: A．Yes, he is a good teacher.（はい，彼はよい先生です。）
B．No, I'm not. I'm from Australia.（いいえ，ちがいます。私はオーストラリア出身です。）
C．No, they aren't.（いいえ，〈彼らは〉ちがいます。）

(3) ♪読まれた音声 A: Susan, that is Ms. Kato.（スーザン，あちらは加藤先生です。）

B: Oh, is she your teacher?（ああ，彼女はあなたの先生ですか。）

A: A．Yes, he is.（はい，〈彼は〉そうです。）
B．Yes, I am.（はい，〈私は〉そうです。）
C．Yes, she is.（はい，〈彼女は〉そうです。）

3 (1) イ　(2)① ウ　② ウ
(3) イ　(4)① ウ　② ア

解説 (1)「彩と私は A 組です。」主語が Aya and I で，複数の人を表すので，be動詞は are を選ぶ。直前の I だけを見て am を選ばないこと。

(2)①「これはあなたの犬ですか。」主語が this の

とき, be動詞はIsを選ぶ。 ②「はい, そうです。」この this を受ける代名詞は it。答えの文では this は使わない。

(3)「あれは私の自転車です。」選択肢の外に be 動詞がないので, That is の短縮形の That's を選ぶ。

(4)①「あちらはあなたのお母さんですか。」主語が that のとき, be動詞は Is を選ぶ。 ②「いいえ, ちがいます。」1人の女性を受け, あとに be 動詞がないことから she's を選ぶ。

4 (1) **I'm not** (2) **Is he** (3) **Is that**

解説 (1)「私は〜ではありません。」は I am not 〜.で表す。空所の数から, 短縮形の I'm を使う。

(2)「彼は〜ですか。」は Is he 〜? で表す。

(3) はなれたところにある物をさして「あれは〜ですか。」とたずねるときは Is that 〜?

5 (1) **Ms. Green is our teacher.**

(2) **This is not an apple.**

解説 (1)「私たちの〜」のように, 所有を表す「〜の」がつく場合, a はつけない。a が不要。

(2)「これは〜ではありません。」は This is not 〜.で表す。「リンゴ」(apple) は母音で始まる語なので, 前には an をおく。a が不要。

6 (1) **This[He] is**

(2) **His name is / He is[He's]**

(3) **He is[He's] good**

(4) **My brother and I are[We are]**

解説 (1) 写真を見せながら「これが〜です。」と紹介するときは This is 〜.で表せばよい。

(2) 名前を紹介するので,「彼の名前は〜です」という文を考える。He is[He's]でもよい。

(3)「〜がうまい」は is[am, are] good at 〜。

(4) 日本語の「ぼくと兄」は, 英語ではふつう My brother and I のように, I があとにくる。

7 (例)(1) **Is this your bag?**

(2) **It's[It is] Hiro's bag.**

解説 (1)「これは〜ですか。」は Is this 〜? で表す。「君のかばん」は your bag で表す。

ミス対策 「あなたの〜」のような, 所有を表す代名詞の前に a, an はつけない。

(2)「それは〜です。」は It is 〜.で表す。「(人の名前)の〜」は〈人の名前+'s 〜〉で表す。

---

6 I play 〜. / I don't play 〜.（一般動詞の文）

Step 1 基礎力チェック問題（p.28-29）

1 (1) **am** (2) **play** (3) **are** (4) **like** (5) **study**

解説 (1) be動詞の文。主語が I なので am を使う。

(2)「(スポーツ) をする」は play で表す。

(3) be 動詞の文。主語が you なので are を使う。

(4)「〜が好きだ」は like で表す。

(5)「〜を勉強する」は study で表す。

2 (1) **read** (2) **have** (3) **eat** (4) **watch**

(5) **live** (6) **play**

解説 (1)「〜を読む」は read。

(2)「〜を飼っている」は have。have は「〜を持っている,（きょうだいなど）がいる」など, いろいろな意味を表す。

(3)「〜を食べる」は eat。have も「〜を食べる」の意味を表すが, 問題の条件からここでは選べない。

(4)「〜を見る」は watch。

(5)「住んでいる」は live。

(6)「(楽器) を演奏する」は play で表す。楽器名の前には, ふつう the をつける。

3 (1) **do** (2) **am** (3) **do not** (4) **don't go**

解説 (1) 一般動詞の否定文は動詞の前に do not を入れる。

(2) be 動詞の否定文は be 動詞のあとに not を入れる。

(4) 空所の数から, do not の短縮形 don't を入れる。

4 (1) **do not** (2) **don't**

(3) **don't drink[have]**

解説 (1) 一般動詞の否定文は〈do not[don't]＋一般動詞〉の形を使う。

(2) 空所の数から, do not の短縮形の don't を入れる。

(3)「〜を飲む」は drink。have を使ってもよい。

Step 2 実力完成問題 （p.30-31）

1 (1) **ウ** (2) **イ** (3) **ア**

解説 (1) ♪読まれた音声 I play badminton in the gym after school.（私は放課後, 体育館でバドミントンをします。）

(2) ♪読まれた音声 I study math every day.（私は毎

日数学を勉強します。)

(3) ♪読まれた音声 I usually have toast for breakfast.（私はたいてい朝食に，トーストを食べます。）

2 (1) drink[have] (2) like[love] (3) play
(4) do, speak (5) don't have
(6) don't know

解説 (1)「〜を飲む」は drink。have でもよい。
(2)「〜が好きだ」は like。love（〜が大好きである）でもよい。
(3)「（スポーツ）をする」は play。スポーツ名には the はつけない。
(4)「〜を話す」は speak。一般動詞の否定文は動詞の前に do not を入れる。
(5)(6) 空所の数から，do not の短縮形 don't を入れる。「〜を持っている」は have，「〜を知っている」は know。

3 (1) I have a bird.
(2) You play the guitar.
(3) We do not watch TV

解説 (1)「〜を飼っている」は have。
(2)「ギターを弾く」は play the guitar。
(3) 一般動詞の否定文。「テレビを見る」は watch TV。

4 (例)(1) The students don't[do not] come to school by bike[bicycle].
(例)(2) I want a new bag (for my birthday).

解説 (1) 主語を The students にして，あとに一般動詞の否定文を続ける。「学校に来る」は come to school。「自転車で」は by bike[bicycle]。
(2)「〜がほしい」という意味を表す一般動詞 want を用いて，I want 〜.で表す。「新しいかばん」は a new bag。〈a＋形容詞＋名詞〉の順にする。

5 (例)(1) I live in Yokohama.
(例)(2) I have a[one] sister.
(例)(3) I study English every day.

解説 (1)「住んでいるところ：横浜」という情報から，「私は横浜に住んでいます。」という英文をつくる。「〜に住んでいる」は〈live in＋場所〉で表す。
(2)「兄弟姉妹：妹1人」という情報から，「私には妹が1人います。」という英文をつくる。「（きょうだい）がいる」は「〜を持っている」という意

味を表す一般動詞 have を用いる。「妹」を表す sister の前に a，もしくは one をつけることを忘れずに。「妹」は little[younger] sister とも言うが，英語では単に sister と言うのがふつう。
(3)「私は毎日英語を勉強しています。」という英文をつくる。「〜を勉強する」は一般動詞 study を用いる。「毎日」を表す every day はふつう文の終わりにおく。

6 ウ

解説 「あなたはピアノがとても上手ですね。」を受けて，「ありがとう。私は毎日それ（ピアノ）を弾いています。」が適切。

7 Do you play 〜？など

Step 1 基礎力チェック問題（p.32-33）

1 (1) Are (2) am (3) Do (4) do

解説 (1)「あなたは野球選手ですか。」be 動詞の疑問文。
(2) Are you 〜? の疑問文には be 動詞を用いて答える。
(3)「あなたは毎日英語を勉強しますか。」一般動詞の疑問文なので，Do で文を始めて，Do you 〜? の形にする。
(4) Do you 〜? の疑問文には，do を用いて答える。

2 (1) Do (2) Do (3) Do, like
(4) Do, play

解説 一般動詞の疑問文は Do で文を始めて，Do you[they] 〜? の形。
(1)「あなたにはお姉さん[妹さん]がいますか。」
(2)「彼らは（毎週）土曜日に学校に来ますか。」
(3)「あなたは牛乳が好きですか。」
(4)「彼らはサッカーをしますか。」

3 (1) some books (2) Do, any
(3) don't, any (4) some water

解説 (1)「何冊かの（本）」は some を用いて表す。あとに数えられる名詞がくる場合は名詞を複数形にする。
(2)「何人か（〜いますか？）」は any を用いて表す。一般動詞の疑問文なので，主語 you の前には Do をおく。

（3）「1人も〜ない」は not 〜 any ... で表す。一般動詞の否定文なので，have の前に don't をおく。

（4）「いくらか（の水）」は some を用いて表す。「水」は数えられない名詞なので，複数形にはならない。

4 （1）Do / do　（2）Do / do
　（3）Do / do　（4）Do / they do

解説 （1）一般動詞 help を用いた疑問文なので，you の前に Do をおく。Do you 〜? の疑問文には do を用いて答える。

（2）一般動詞 live を用いた疑問文。you の前に Do をおく。答えの文にも do を用いる。

（3）一般動詞 speak を用いた疑問文。they の前に Do をおく。答えの文にも do を用いる。

（4）一般動詞 practice を用いた疑問文。the boys を代名詞で表すと，複数なので they になる。

5 （1）don't, any　（2）no　（3）don't, any

解説 （1）（3）not 〜 any ... は「1つも［1人も］〜ない」の意味。

（2）not 〜 any ... ＝no ... で表す。no は English classes の直前におく。

Step 2 実力完成問題　(p.34-35)

1 （1）B　（2）A

解説 （1）♪読まれた音声　A．A: Lin, do you have a cat?（リン，あなたはネコを飼っていますか。）
B: Yes, I do. I like cats very much.（はい。私はネコがとても好きです。）
B．A: Lin, do you have a cat?（リン，あなたはネコを飼っていますか。）
B: No, I don't, but I want a cat someday.（いいえ，でもいつか私はネコがほしいです。）

（2）♪読まれた音声　A．A: Do you know that girl over there?（あなたは向こうにいるあの女の子を知っていますか。）
B: Yes, I do. She is my friend.（はい。彼女は私の友達です。）
B．A: Do you know that girl over there?（あなたは向こうにいるあの女の子を知っていますか。）
B: No, I don't.（いいえ，知りません。）

2 （1）イ　（2）ア

解説 （1）♪読まれた音声　A: Sam, do you clean your room on Sunday?（サム，あなたは日曜日に自分

の部屋をそうじしますか。）
B: No, I don't.（いいえ，しません。）

（2）♪読まれた音声　A: Ami, do you like baseball?（亜美，あなたは野球が好きですか。）
B: Yes, I do. I love baseball.（はい。私は野球が大好きです。）

3 （1）Do, have / I do
　（2）Do, speak / I don't
　（3）Do, play / do
　（4）Do, like[love] / we do

解説 （1）一般動詞の疑問文は，主語の前に Do をおく。答えの文も do を用いて表す。

（2）一般動詞 speak を用いた疑問文。主語の前に Do をおく。また，答えの文は空所の数から短縮形の don't を用いる。

（3）一般動詞 play を用いた疑問文。答えの文も do を用いて表す。

（4）「好き」は一般動詞 like，もしくは love で表す。「あなたたちは」とたずねているので，we（私たちは）で答える。

4 （1）Do you want a watch?
　（2）We don't have any English books.

解説 （1）一般動詞 want を用いた疑問文。一般動詞の疑問文は Do で文を始める。be 動詞の疑問文ではないので，are は不要。

（2）「1冊も〜ない」は not 〜 any ... で表す。否定文なので，have の前に don't をおく。ここでは not 〜 any ... と同じ意味を表す no が不要。

5 （例）（1）Do you go[come] to school by car?
　（例）（2）Do you like Japanese food?

解説 （1）「車で通勤していますか。」は「あなたは車で学校に行って［来て］いますか。」という文を書く。一般動詞 go[come] を用いた疑問文を書く。「車で」のように交通手段を表す場合は，〈by ＋交通手段〉で表す。Do you drive to school? も可。

（2）「あなたは日本食が好きですか。」という文を書く。一般動詞 like を用いた疑問文。「日本食」は Japanese food で表す。

6 （例）（1）Do you like Japanese culture?
　（例）（2）Do you play the piano?

解説 (1) 相手に好きかどうかをたずねるときは, Do you like 〜? を使う。「日本の文化」は Japanese culture。

(2) 相手に楽器を弾くかどうかをたずねるときは, Do you play the 〜? を使う。

8 複数形・数

Step 1 基礎力チェック問題 (p.36-37)

1 (1) bikes (2) glasses (3) cities
(4) boys (5) children (6) men

解説 (1) そのまま s をつける。

(2) ss で終わる語には es をつける。

(3) 〈子音字＋y〉で終わる語は y を i にかえて es をつける。

(4) 語尾が y でも, 直前が母音字の場合は, そのまま s をつける。

(5)(6) 不規則に変化する名詞。

2 (1) イ (2) イ (3) ア

解説 (1) girls は〔z ズ〕の音。

(2) desks は〔s ス〕とにごらない音。s の前が k(e), p, t などのとき,〔s ス〕とにごらない。

(3) classes は〔iz イズ〕の音。es の前が ss, ch, sh, x などのとき,〔iz イズ〕の音になる。

3 (1) students (2) sisters
(3) notebooks (4) tables (5) boxes
(6) potatoes (7) stories (8) glasses

解説 すべて複数形に直す。

(1)(2)(3)(4) 語尾に s をつける。

(5)(6)(8) 語尾が x, o, s なので es をつける。

(7) 語尾が〈子音字＋y〉なので, y を i にかえて es をつける。

4 (1) friends (2) pens (3) children
(4) are (5) Are / they

解説 (1) 主語が Mina and I で複数なので, friend も複数形の friends を選ぶ。

(2) 主語が複数を表す Those なので, 複数形の pens を選ぶ。

(3) 主語が Nick and Tom で複数なので, 複数形の children を選ぶ。child の複数形は不規則に変化することに注意。

(4) 主語が Three dogs と複数なので, be 動詞は are を用いる。

(5) 主語が these と複数なので, be 動詞は are を選ぶ。these は, 答えの文では they で受ける。

5 (1) one (2) two (3) three
(4) four (5) five (6) six
(7) seven (8) eight (9) nine
(10) ten (11) eleven (12) twelve
(13) thirteen (14) fifteen
(15) twenty (16) thirty-one

解説 数を表す語は確実に覚えておこう。

(12)(15) twelve (12) と twenty (20) を混同しないこと。

(13)(14) 13 〜 19 は, 語尾に -teen がつく。

(16) 〈10 の位＋1 の位〉の形で表す。ハイフン(-)でつなぐことに注意。

Step 2 実力完成問題 (p.38-39)

1 (1) A (2) C

解説 (1) ♪読まれた音声 A. I want a bag. (私はかばんが 1 つほしいです。)

B. I want two bags. (私はかばんが 2 つほしいです。)

C. I want three bags. (私はかばんが 3 つほしいです。)

(2) ♪読まれた音声 A. This bag is 4 dollars. (このかばんは 4 ドルです。)

B. This bag is 14 dollars. (このかばんは 14 ドルです。)

C. This bag is 40 dollars. (このかばんは 40 ドルです。)

2 (1) buses (2) libraries (3) watches
(4) women (5) children (6) teeth

解説 (1) 語尾が s の語の複数形は es をつける。

(2) 語尾が〈子音字＋y〉なので, y を i にかえて es をつける。

(3) 語尾が ch なので es をつける。

(4)〜(6) いずれも不規則に変化する名詞。(4)の women〔wímin ウィミン〕の発音に注意。

3 (1) seven (2) four thirty (3) eight

解説 (1) 「700」は〈7 と 100〉で表す。「100」は hundred。

(2) 時刻は〈時＋分〉の順で数を並べればよい。

(3) 年齢は，year(s) old を省略することもある。

4 (1) are, cars　(2) water　(3) Are, CDs

解説 (1) 主語が those で複数なので，be 動詞は are になる。「車」も複数形にすることを忘れずに。

(2)「水」は数えられない名詞なので，a glass of（コップ1杯の）などで量を表す。

(3) 主語が these で複数なので，be 動詞は Are を使う。CD の複数形は語尾に s をつければよい。

5 (1) **Are they your boxes?**

(2) **These are my father's computers.**

解説 (1) 箱（box）の複数形は boxes となる。

(2)「これらは」は these。「私の父の」は my father's。

6 (1) **Two**　(2) **Four cups**　(3) **five**

解説 (1)「2つのハンバーガー」は two hamburgers。〈～, please.〉は注文をするときに使う表現。

(2)「カップ1杯の～」は a cup of ～の形。「4杯の」は four cups of と複数形になるので注意。

7 (例)(1) **Are you brothers?**

(例)(2) **We are[We're] cousins.**

解説 (1)「あなたたちは～ですか。」は Are you ～? で表す。「～」の部分に名詞をおくときには複数形にする。したがって brothers となる。

(2)「ぼくたちは～です。」は We are ～. で表す。We are のあとの「～」の部分に入る名詞も複数形にすることに注意。

9　can の文

Step 1　基礎力チェック問題（p.40-41）

1 (1) can play　(2) can cook

(3) can speak　(4) can use

(5) can swim　(6) can drive

解説 「～することができる」は can のあとに動詞を続けて表す。

(2)(3)(6) 主語が3人称単数でも，can の形はかわらない。

2 (1) cannot　(2) can't　(3) take

(4) walk　(5) can't

解説 「～できない」は動詞の前に cannot または can't を入れればよい。

(3)(4) 主語が3人称単数でも，can の形はかわらない。

3 (1) **Can**　(2) **Can / can't[cannot]**

(3) **Can / can**　(4) **can't[cannot]**

解説 Can ～? の疑問文には，can を使って答える。

(2)(4) Can ～? の疑問文に，No で答える場合は，No, ～ can't[cannot]. で表す。

4 (1) あなた(たち)の自転車を使ってもいいですか。

(2) 私を手伝ってくれますか。

(3) あなたはケーキを作れますか。

解説 (1) Can I ～? は「（私は）～してもいいですか。」と相手に許可を求めるときに用いる。

(2) Can you ～? は「～してくれますか。」と相手に依頼するときに用いる。

(3)「はい，できます。」と答えているので，「（あなたは）～できますか。」という可能の意味を表す。

Step 2　実力完成問題　　　　（p.42-43）

1 (1) **C**　(2) **B**

解説 (1) ♪読まれた音声 A．Andy can swim well.（アンディーは上手に泳げます。）

B．Andy can dance well.（アンディーは上手におどれます。）

C．Andy can cook well.（アンディーは上手に料理できます。）

(2) ♪読まれた音声 A．*A:* Dad, can you read this *kanji*?（お父さん，この漢字が読める？）

B: Yes, I can.（ああ，読めるよ。）

B．*A:* Dad, can you read this *kanji*?（お父さん，この漢字が読める？）

B: No, I can't.（いいや，読めないよ。）

C．*A:* Can you help me?（手伝ってくれますか。）

B: Yes, of course.（はい，もちろん。）

2 (1) can't[cannot] sing　(2) can play

(3) **Can, go**　(4) **Can I**

解説 (1)「～することができません」は〈can't[cannot]＋動詞〉で表す。

(2)「～することができる」は〈can＋動詞〉で表す。

(3)「～できますか」は Can で文を始める。「行く」は go。

(4)「（私は）～してもいいですか。」と相手に許可を求める文は Can I ～? で表す。Can we ～? と

してもよい。

③ (1) **Can you** (2) **Can I** (3) **Can we**

解説 (1)「～してくれますか。」は Can you ～? で表す。

(2)「(私は)～できますか」は Can I ～? で表す。

(3)「私たちは～することができますか。」は Can we ～? で表す。

④ (1) **I can't get up early.**
(2) **Can you run fast?**

解説 (1)「～することができない」は can't[cannot]のあとに動詞を続ける。「早起きする」は get up early。am が不要。

(2)「～できますか」は Can で文を始める。「速く走る」は run fast。are が不要。

⑤ (例)(1) **Yes, he can.**
(例)(2) **She can speak English.**

解説 (1)「弘樹のお兄さんは車を運転することができますか。」 Yes で答える。can の質問には can を用いて答える。

(2)「優子は何語が話せますか。」

⑥ (例)(1) **Can you help me with my homework?**
(例)(2) **Can I open the window(s)?**

解説 (1)「私の宿題を手伝ってくれますか。」と相手に依頼する文にする。Can you ～? を使って表す。「(人)の～を手伝う」は〈help＋人＋with ～〉で表す。

(2) 許可を求める場合，Can I ～? で表す。「～を開ける」は open，「窓」は window。

10 命令文

Step 1 基礎力チェック問題 (p.44-45)

① (1) **Speak** (2) **Open** (3) **read**
(4) **Be** (5) **Help**

解説 命令文は，動詞で文を始める。

(1)「(言語)を話す」は speak。

(2)「～を開ける」は open。

(3)「～を読む」は read。文の最初の Kyoko, は呼びかけの語。

(4)「注意深い」の意味を表す careful は形容詞。

命令文では形容詞の前に be 動詞が必要。

> **ミス対策** be 動詞［am, are, is］の原形は be なので，be 動詞の命令文は，Be ～. となる。

(5)「～を手伝う」は help。

② (1) **Let's** (2) **Don't** (3) **Please**
(4) **Be** (5) **Don't**

解説 (1)「～しましょう。」は Let's ～. で表す。

(2)「～してはいけません。」は Don't ～. で表す。

(3)「～してください。」と調子をやわらげてお願いする場合は please をつける。

(4)「静かな」という意味を表す quiet は形容詞。形容詞の前には be 動詞をおく。

(5) be 動詞の文の場合も，「～してはいけません。」というときは Don't を使う。

③ (例)(1) **テニスをしましょう。**
(例)(2) **一郎，いい子にし(てい)なさい。**
(例)(3) **この川で泳いではいけません。**
(例)(4) **英語で書いてください。**
(例)(5) **私のコンピューターを使いなさい。**

解説 命令文は，実際には状況や言い方しだいで，強い命令になったり，相手にやさしく勧める表現になったりする。

(1) Let's ～. は「～しましょう。」と誘うときの表現。

(2) 文の最初の Ichiro は呼びかけの語。

(3) Don't ～. は「～してはいけません。」という禁止の意味。

(4) Please ～. は「どうぞ～してください。」という意味。

(5) use は「～を使う」。「私のコンピューターを使ってください。」という意味にもなる。

④ (1) **ア** (2) **ア** (3) **ア** (4) **イ**

解説 (1)「私の消しゴムを使って。——ありがとう。」

(2)「走ってはいけません。——わかりました。」No, thank you. は「いいえ，結構です。」と相手の誘いなどを断る応答。

(3)「ジョージ，ここに来てください。——わかりました。」 All right. は「わかりました。」「いいよ。」と承知する意味。

(4)「図書館へ行きましょう。——いいですよ。」

1　(1) イ　(2) ア

解説 (1) ♪読まれた音声 Excuse me.　Please don't take pictures here.（すみません。ここで写真を撮らないでください。）

(2) ♪読まれた音声 Excuse me.　Be quiet, please.（すみません。静かにしてください。）

2　(1) please　(2) Don't　(3) Be
　　(4) Let's　　(5) Be

解説 (1)「～してください」は please で表す。文の最初の Jane は呼びかけの語。

(2)「～してはいけません。」は Don't ～. で表す。

(3)「～しなさい。」は命令文なので，動詞で文を始める。nice（やさしい）は形容詞なので，動詞は be 動詞の原形 Be で文を始める。

(4)「～しましょう。」は Let's ～. で表す。

3　(1) Look at that bird
　　(2) Don't open the window.

解説 (1) 命令文は動詞で文を始める。you が不要。

(2)「～してはいけません」と禁止する文は Don't のあとに動詞を続ける。not が不要。

4　(1) ア　(2) イ　(3) イ

解説 (1)「小さな子に親切にしなさい。——わかりました。」OK. は「わかりました。」と承知するときに使う。be kind to ～で「～に親切にする」という意味。

(2)「買い物へ行きましょう。——いいですよ。」go shopping は「買い物に行く」という意味。

(3)「このコンピューターを使ってはいけません。——わかりました。」All right. は「わかりました。」と承知するときに使う。

5　(1) Do your homework.
　　(2) (Please) eat[have] the sandwiches on the table.
　　(3) Don't watch TV.

解説 (1)「やりなさい」は命令文で表せばよいので，動詞の原形で文を始める。「宿題をする」は do ～'s homework。ここは「～'s」は your にする。

(2)「～を食べてね」は調子のやわらかい命令文。please を用いる。please を文の終わりに入れてもよいが，その場合は，please の前にコンマ(,)

をおく。「～を食べる」は eat。have でもよい。「テーブルの上の」は on the table。

(3)「～しちゃダメよ」は禁止の命令文（Don't ～.）で表す。「テレビを見る」は watch TV で表す。

6　(例)(1) Let's study English.
　　(例)(2) Don't eat or drink here.

解説 (1)「～しましょう。」と誘うときは，Let's のあとに動詞を続ける。「勉強する」は study。

(2)「だめだ」と禁止するときは，Don't ～. を使う。You can't eat or drink here. としてもよい。

7　(例) Don't swim (here).

解説 絵の看板は遊泳禁止を示していると判断する。つまり，「（ここで）泳いではいけません。」という英文にすればよい。「～してはいけません。」は Don't のあとに動詞を続ける。

定期テスト予想問題 ②　　　（p.48-49）

1　(1) A　(2) B

解説 (1) ♪読まれた音声 A．I'm Jeff.　I can play the guitar.（ぼくはジェフです。ぼくはギターを弾くことができます。）

B．I'm Jeff.　I can play soccer.（ぼくはジェフです。ぼくはサッカーをすることができます。）

(2) ♪読まれた音声 A．I'm Lisa.　I have a dog.　I love it.（私はリサです。私は犬を1匹飼っています。私はそれが大好きです。）

B．I'm Lisa.　I have two dogs.　I love them.（私はリサです。私は犬を2匹飼っています。私はそれらが大好きです。）

2　(1) B　(2) C　(3) C

解説 (1) ♪読まれた音声 A: Bob, do you go to the station by bus?（ボブ，あなたは駅へはバスで行きますか。）

B: A．Yes, he is.（はい，〈彼は〉そうです。）

B．Yes, I do.（はい，〈私は〉行きます。）

C．No, I can't.（いいえ，〈私は〉できません。）

(2) ♪読まれた音声 A: Yuki, can you use this computer?（由紀，あなたはこのコンピューターを使えますか。）

B: A．Yes, I am.（はい，〈私は〉そうです。）

B．No, I don't.（いいえ，〈私は〉しません。）

C. No, I can't.（いいえ，〈私は〉使えません。）

(3) ♪読まれた音声 *A:* Ken, can you open the door?（健，ドアを開けてくれますか。）

B: **A**. Yes, you can.（はい，〈あなたは〉できます。）

B. No, I don't.（いいえ，〈私は〉しません。）

C. Yes, of course.（ええ，もちろん。）

3 (1) イ (2) ウ (3) イ (4) ウ

解説 (1)「私には子どもが2人います。」複数を表す語（ここでは two）のあとに続く名詞は複数形にする。child（子ども）の複数形は children。

(2)「私たちは今日6時間授業があります。」six のあとなので，class（授業）は複数形にする。

(3)「私はピーマンが好きではありません。」あとに like が続いているので，don't がふさわしい。一般動詞の否定文では，be 動詞は使わない。

(4)「勇気を持ちなさい，サム。あなたならできるよ。」be 動詞の命令文は Be ～. の形。

4 (1) **I do** (2) **she can** (3) **Can I**

解説 (1)「A：あなたは毎日食器を洗いますか，リサ。B：はい，洗います。」 Do you ～? には do を使って答える。主語が I になることに注意。

(2)「A：デイビッド，あなたのお姉さん[妹さん]はバスケットボールが上手にできますか。B：はい，できます。」 Can ～? の疑問文には can を使って答える。疑問文の主語の your sister は，答えの文では she で受ける。

(3)「A：すみません。あなたのペンを使ってもいいですか。B：いいですよ。はい，どうぞ。」 B の応答から，「～してもいいですか。」と許可を求める Can I が入ると判断できる。

5 (1) **Don't run here**

(2) **Do you have any questions?**

解説 (1)「～しないでください。」と禁止しているので，Don't で文を始める。can't が不要。

(2)「ありますか」とたずねているので，一般動詞の疑問文にする。Do で文を始める。any（何か）は名詞の questions の前におく。for が不要。

6 (1) **I can play the piano** (2) **Don't**

(3)（例）**上手に歌うこと。**

解説 (1) 亜美の「音楽が好きですか。」という質問にクリスは「はい」と答え，それに続く文なので，can の文にすると意味が通る。play the piano は「ピアノを弾く」。

(2) 空所のあとに worry（心配する）という動詞が続いているので，否定の命令文にする。

(3) 2人とも，I can't sing well（私は上手に歌えません）と言っている。

【全文訳】亜美：クリス，あなたは音楽が好き？

クリス：うん。ぼくはピアノが弾けるよ，でも歌はうまく歌えないんだ。

亜美：気にしないで，クリス。私も歌は上手に歌えないわ。

---

11 He plays ～. / He doesn't play ～. （3人称単数現在形）

Step 1 基礎力チェック問題（p.50-51）

1 (1) wants (2) knows (3) come

(4) use (5) likes

解説 (1)「私の妹[姉]は新しい自転車をほしがっています。」主語の My sister は3人称単数なので，動詞の語尾に s のついた wants を選ぶ。

(2)「彼は私の兄[弟]を知っています。」主語の He は3人称単数なので，動詞は knows を選ぶ。

(3)「私の父母は7時ごろに帰宅します。」主語の My father and mother は複数なので，動詞の語尾に s のつかない come を選ぶ。

(4)「彼らは毎日この車を使います。」主語の They は複数なので，動詞の語尾に s のつかない use を選ぶ。

(5)「彼女は犬が大好きです。」主語の She は3人称単数なので，動詞の語尾に s のついた likes を選ぶ。

2 (1) ウ (2) ア (3) エ

解説 (1) sings は［z ズ］と発音する。それ以外は［s ス］と発音する。

(2) goes は［z ズ］と発音する。それ以外は［iz イズ］と発音する。

(3) speaks は［s ス］と発音する。それ以外は［z ズ］と発音する。

3 (1) live (2) play (3) walks

(4) **watches**　(5) **washes**　(6) **has**

解説 (1)「住む」は live。主語は we なので，動詞に s はつけない。

(2)「(スポーツ)をする」は play。主語は I なので，動詞に s はつけない。

(3)「学校へ歩いて行く」は walk to school。主語の Nick は 3 人称単数なので，walk の語尾に s をつける。

(4)「(テレビ)を見る」は watch。主語の my mother は 3 人称単数なので，watch の語尾に es をつける。<u>語尾が ch や sh などで終わる動詞には，es をつける。</u>

(5)「～を洗う」は wash。主語の Midori は 3 人称単数なので，wash の語尾に es をつける。「皿洗いをする」という意味の do the dishes の do の 3 人称単数現在形 does を入れることもできる。

(6)「～を飼っている」は have。主語の he は 3 人称単数なので，have は 3 人称単数現在形の has にする。

> **ミス対策** have の 3 人称単数現在形は has と不規則に変化する。

4 (1) **don't play**　(2) **does, live**
　(3) **doesn't want**　(4) **don't speak**
　(5) **doesn't teach**

解説 (1)「彼らはサッカーをしません。」一般動詞の否定文で，主語が they(複数)なので動詞の前に don't を入れる。

(2)「私のおじはオーストラリアに住んでいません。」live は一般動詞。主語の my uncle は 3 人称単数なので，否定文は does not のあとに動詞の原形を続ける。

(3)「佐藤さんは大きな家がほしいと思っていません。」主語の Mr. Sato は 3 人称単数なので，否定文は does not[doesn't]のあとに動詞の原形を続ける。空所の数から短縮形を用いる。

(4)「ジャックとニックはフランス語を話しません。」主語の Jack and Nick は複数なので，否定文は don't のあとに動詞の原形を続ける。

(5)「彼女は高校で数学を教えていません。」主語の she は 3 人称単数なので，否定文は doesn't のあとに動詞の原形を続ける。

5 (1) **don't use**　(2) **doesn't have**
　(3) **doesn't like**　(4) **doesn't work**

解説 (2)～(4) 主語が 3 人称単数なので，否定文は doesn't のあとに動詞の原形を続ける。

Step 2 実力完成問題　　(p.52-53)

1 (1) **ア**　(2) **ウ**

解説 (1) ♪読まれた音声 Sam watches TV on Sunday. (サムは日曜日にテレビを見ます。)

(2) ♪読まれた音声 Nick plays the guitar on Sunday. (ニックは日曜日にギターを弾きます。)

2 (1) **lives**　(2) **makes**　(3) **watches**
　(4) **teaches**　(5) **flies**　(6) **has**

解説 すべて主語が 3 人称単数なので，動詞は 3 人称単数現在形にかえる。

(1) live は語尾にそのまま s をつける。

(2) make は語尾にそのまま s をつける。

(3) watch は語尾が ch なので es をつける。

(4) teach は語尾が ch なので es をつける。

(5) fly は語尾が〈子音字＋y〉なので，y を i にかえて es をつける。

(6) <u>have は不規則に has と変化する。</u>

3 (1) **plays**　(2) **speaks**　(3) **come**
　(4) **studies**　(5) **doesn't eat[have]**
　(6) **goes**

解説 (1)「(楽器)を演奏する」は play。主語の my brother は 3 人称単数なので，語尾に s をつける。

(2)「(言語)を話す」は speak。主語の Eri's aunt は 3 人称単数なので，語尾に s をつける。

(3)「来る」は come。主語は複数なので，come はそのままの形。

(4)「～を勉強する」は study。主語の Ms. Sato は 3 人称単数。<u>study のように語尾が〈子音字＋y〉で終わる語は y を i にかえて es をつける。</u>

(5) 主語が 3 人称単数なので，否定文は動詞の前に does not を入れる。ここでは短縮形 doesn't を使う。「～を食べる」は eat。have でもよい。

(6)「～へ行く」は go to ～。主語の Lisa は 3 人称単数なので，goes の形にする。

4 (1) **My brother does his homework**
　(2) **does not have any pets**

解説 (1) 主語の「私の弟」は 3 人称単数。do ～'s

homework で「〜の宿題をする」という意味なので、「〜をする」という意味を表す動詞 do は語尾に es をつけた形で表す。do が不要。

(2)「ペットを1匹も飼っていない」は「〜を持っていない」なので、否定文の does not have とする。not 〜 any ... で「1つも〜ない」という意味を表す。is が不要。

⑤ (例)(1) **Ken does his homework at six thirty.**

(例)(2) **Ken eats[has] dinner at seven thirty.**

(例)(3) **Ken watches TV at nine (o'clock).**

解説 (1)「健は6時30分に宿題をします。」「宿題をする」は do 〜's homework。主語は Ken なので「彼の宿題」となるように、his homework にする。

(2)「健は7時30分に夕食を食べます。」「〜を食べる」は eat または have を使う。主語が3人称単数なので、eat は語尾に s をつけ、have は has にする。

(3)「健は9時にテレビを見ます。」「テレビを見る」は watch TV で表す。watch は語尾が ch なので es をつける。

⑥ (1) **teaches music**

(2) **plays soccer, well**

解説 (1)「彼女は私たちの音楽の先生です。」は「彼女は私たちに音楽を教えています。」と表せる。主語が3人称単数なので、一般動詞 teach には、語尾に es をつける。

(2)「彼女はとても上手なサッカー選手です。」は「彼女はとても上手にサッカーをします。」と表せる。主語が3人称単数なので、一般動詞の play には語尾に s をつける。形容詞の good(上手な)と副詞の well(上手に)を使い分けよう。

12 **Does he play 〜?など**

Step 1 基礎力チェック問題 (p.54-55)

1 (1) **Do** (2) **Does** (3) **Do**

(4) **Do** (5) **Does**

解説 (1)「あなたは中国語を話しますか。」主語が you の一般動詞の疑問文なので、Do を選ぶ。

(2)「矢部さんは車を運転しますか。」主語が3人称単数の一般動詞の疑問文なので、Does を選ぶ。

(3)「彼らは早く起きますか。」主語が they の一般動詞の疑問文なので、Do を選ぶ。

(4)「由美と洋子はギターを弾きますか。」主語が Yumi and Yoko(複数)の一般動詞の疑問文なので、Do を選ぶ。

(5)「久美は直樹を知っていますか。」主語が3人称単数の一般動詞の疑問文なので、Does を選ぶ。

2 (1) **Does** (2) **Does** (3) **Does, help**

(4) **Does, study** (5) **Does, have**

解説 (1)「雄太は数学が好きですか。」主語が3人称単数の一般動詞の疑問文は Does で文を始める。

(2)「スミスさんは自転車をほしがっていますか。」主語が3人称単数の一般動詞の疑問文。

(3)「彼女は毎日お母さんを手伝いますか。」主語が3人称単数の一般動詞の疑問文。Does で文を始め、helps を原形の help にする。

(4)「彼は高校でフランス語を勉強していますか。」主語が3人称単数の一般動詞の疑問文。Does で文を始め、studies を原形の study にする。

(5)「カイのお父さんは古い車を持っていますか。」主語が3人称単数の一般動詞の疑問文。Does で文を始め、has を原形の have にする。

3 (1) **she does** (2) **he does**

(3) **they do** (4) **it does**

解説 Does 〜? には does を用いて答える。

(1) Ms. Brown は答えの文では she で受ける。

(2) your father は答えの文では he で受ける。

(4) this bus は答えの文では it で受ける。

4 (1) **Do, watch / do**

(2) **Does, do / does**

(3) **Does, play / does**

(4) **Does, go / doesn't**

解説 (1) 主語が you の一般動詞の疑問文。Do 〜?
の形。Do 〜? には do を用いて答える。

(2)(3)(4) 主語が 3 人称単数の一般動詞の疑問文。
Does 〜? の疑問文には does を用いて答える。答
えが No のときは，doesn't を用いる。

5 (1) **Does, use / she does**

(2) **Does, teach / he doesn't / teaches**

解説 主語が 3 人称単数の一般動詞の疑問文は
Does 〜? の形になる。答えの文でも does を使う。

(1) 疑問文の主語が your mother なので，答えの
文では she で受ける。

(2) 答えが No なので，No, he doesn't. となる。

Step 2　実力完成問題　　　（p.56-57）

1 (1) **B**　(2) **A**

解説 (1) ♪読まれた音声　**A**．*A: Does Miki go to
school by bus?*（美紀はバスで学校へ行きます
か。）

B: Yes, she does.（はい，行きます。）

B．*A: Does Miki go to school by bus?*（美紀は
バスで学校へ行きますか。）

B: No, she doesn't.（いいえ，行きません。）

(2) ♪読まれた音声　**A**．*A: Does Ken walk to school?*
（健は歩いて学校へ行きますか。）

B: Yes, he does.（はい，行きます。）

B．*A: Does Ken walk to school?*（健は歩いて学
校へ行きますか。）

B: No, he doesn't.（いいえ，行きません。）

2 (1) **Does, play / does**

(2) **Does, make[bake] / doesn't**

(3) **Does, practice / he does**

(4) **Do, get / they don't**

解説 主語が 3 人称単数の一般動詞の疑問文は，
Does 〜? の形。動詞は原形になる。答えの文も
does を用いて表す。

(1)「〜を演奏する」は play。

(2)「〜を作る」は make。答えは No なので，doesn't
を使う。

(3)「〜を練習する」は practice。疑問文の主語が
the boy なので，答えの文では he で受ける。

(4) 主語が複数なので，Do を使って疑問文にする。
答えの文の主語は，your daughters を 1 語の

they で受ける。

3 (1) **Does your father eat breakfast**

(2) **Does this library open at nine?**

解説 (1) 一般動詞 eat を用いた疑問文。主語が 3
人称単数なので Does 〜? の形。is が不要。

(2) 主語が 3 人称単数の一般動詞の疑問文。動詞
は原形を使うので，opens が不要。

4 (例)(1) **Does she play (any) sports?**

(例)(2) **Does she sing well?**

解説 (1)「スポーツをする」は play sports。

(2)「歌がうまい」は「上手に歌う」と考えて，
sing well とする。

5 (1) **Does this train go to the airport?**

(2) **Does your mother cook Japanese
food?**

解説 (1)「この電車は空港へ行きますか。」B が
Yes, it does. と答えているので，Does 〜? の疑問
文にする。「〜へ行く」は go to 〜。

(2)「あなたのお母さんは日本食を作りますか。」
主語が your mother で，一般動詞 cook を用いた
疑問文をつくる。

13　　　**What 〜?**

Step 1　基礎力チェック問題　（p.58-59）

1 (1) **What**　　(2) **What's**

(3) **What are**　(4) **What do**

(5) **What does**　(6) **What sport(s)**

(7) **What subject(s)**

解説 (1)「何」は what で，疑問文の最初におく。

(2) 空所が 1 つなので，what is の短縮形の what's
を用いる。

(3)「〜は何ですか」は What is[are] 〜? の形。
主語が they なので are を用いる。

(4)「何を持っていますか」という疑問文。What
で文を始めて，あとに一般動詞の疑問文を続ける。
主語が you なので，do 〜? の形。

(5)「〜は何が好きですか」は What で文を始めて，
あとに一般動詞の疑問文を続ける。主語が your
mother なので，does 〜? の形。

(6)「何のスポーツ」とたずねているので，What

のあとに sport（スポーツ）を続ける。質問している人が，相手が2つ以上のスポーツを答えると思っているときは，sports のように複数形にする。

(7)「何の教科」とたずねているので，What のあとに subject（教科）を続ける。質問している人が，相手が2つ以上の教科を答えると思っているときは，subjects のように複数形にする。

2 (1) is　(2) are　(3) do
　　(4) does　(5) do

解説 (1)「この動物は何ですか。」主語が this animal なので，is を選ぶ。

(2)「あれらは何ですか。」主語が those なので，are を選ぶ。

(3)「あなたは何がほしいですか。」主語が you で一般動詞 want を用いた疑問文なので，do を選ぶ。

(4)「ジムは朝食に何を食べますか。」主語が Jim で一般動詞 eat を用いた疑問文なので，does を選ぶ。

(5)「トムとボブは何色が好きですか。」主語が Tom and Bob で複数なので do を選ぶ。

3 (1) What is / It's
　　(2) What are / They're
　　(3) What do / I want
　　(4) What color / likes

解説 (1)「～は何ですか。」は What is ～? の形。「それは～です。」は，あとに an elephant（1頭のゾウ）と単数の物が続いているので It's を選ぶ。

(2) 主語が複数なので，be動詞は are を用いる。「それらは～です。」は They're ～. で表す。

(3)「何が」とたずねるときは疑問詞 What を文の最初におく。一般動詞 want を用いた疑問文。主語が you なので，do を用いる。

(4)「何の～」は What のあとに名詞を続けて表す。「色」は color。答えの文では，主語が3人称単数なので，like の語尾に s がついた形を選ぶ。

4 (1) It　(2) It's　(3) They
　　(4) has　(5) play

解説 (1) 疑問文の主語の this は，答えの文では it で受ける。

(2) 疑問文の主語の that は，答えの文では it で受ける。空所の数から短縮形の It's を入れる。

(3) 主語が these small things で複数なので，答え

の文は they で受ける。

(4)「あなたのお父さんは朝食に何を食べますか。」「彼はパンとコーヒーをとります。」という受け答え。主語が3人称単数なので，動詞 have は has にかえる。

(5)「あなたは何のスポーツをしますか。」とたずねているので，「私はテニスをします。」と答える。

Step 2 実力完成問題　　　　　(p.60-61)

1 (1) イ　(2) ウ　(3) ウ

解説 (1) ♪読まれた音声 A: Judy, do you like dogs?（ジュディー，あなたは犬が好きですか。）
B: No, I don't, but I like cats very much.（いいえ，でも私はネコがとても好きです。）
Question: What animal does Judy like?（質問：ジュディーはどんな動物が好きですか。）

(2) ♪読まれた音声 A: I like red and blue. How about you, Jim?（私は赤と青が好きです。あなたはどうですか，ジム？）
B: I like green.（ぼくは緑が好きです。）
Question: What color does Jim like?（質問：ジムは何色が好きですか。）

(3) ♪読まれた音声 A: Mom, can I have this apple juice?（お母さん，このリンゴジュースを飲んでもいい？）
B: Sure, Nick.（いいわよ，ニック。）
A: Thank you.（ありがとう。）
Question: What does Nick want?（質問：ニックは何がほしいのですか。）

2 (1) What color　(2) What's / It's
　　(3) What do
　　(4) What kind, does / reads
　　(5) What does　(6) What do

解説 (1)「それは白です。」と色を答えているので，「あなたの犬は何色ですか。」という疑問文にする。

(2)「こたつです。」と答えているので，「あれは何ですか。」という疑問文を完成させる。空所の数から，短縮形を用いて What's, It's で表す。

(3)「あなたはポケットに何を持っていますか。——かぎを持っています。」主語が you の一般動詞の疑問文なので，do を用いる。

(4)「彼女はどんな種類の本をよく読みますか。

——彼女は SF を読みます。」What kind of 〜? で「どんな種類の〜」という意味。答えの文の動詞 read に s をつけるのを忘れないこと。

(5)「亜美は土曜日に何をしますか。」主語が 3 人称単数なので，does を使う。

(6)「あなたは誕生日に何がほしいですか。」主語が you の一般動詞の疑問文なので，do を用いる。

3 (1) **What animal(s)**
　(2) **What fruit(s) does**
　(3) **What sport(s) do**

解説 「何の〜」は〈what＋名詞〉で表す。質問者が複数の回答を想定しているときは，名詞を複数形にする。

(1)「ウサギが好き」と答えているので，What animal（どんな動物）を使って「あなたはどんな動物が好きですか。」とする。

(2)「リンゴが好き」と答えているので，What fruit（どんな果物）を使って「グリーンさんはどんな果物が好きですか。」とする。

(3)「バドミントンをします」と答えているので，What sport（どんなスポーツ）を使って「あなたのお父さんとお母さんはどんなスポーツをしますか。」とする。

4 (1) **What language do you speak?**
　(2) **What are those small animals?**
　(3) **What does your father do**

解説 疑問詞 what で文を始める疑問文にする。

(1)「どんな言語」は what language で表し，文の最初におく。あとに一般動詞の疑問文を続ける。

(2) 主語は those small animals。What are 〜? の疑問文にする。

(3) 主語は your father で 3 人称単数。「〜をする」は do。

5 (1) **What is it[that]?**
　(2) **What color do you like?**

解説 (1)「〜は何ですか。」は What is 〜? で表す。短縮形 What's を使ってもよい。

(2)「何色」を表す What color で文を始める。あとに do you 〜? という疑問文を続ける。

6 **What subject do you like**

解説 What subject（どんな科目）を文の最初において，あとに一般動詞の疑問文を続ければよい。

Step 1 基礎力チェック問題 （p.62-63）

1 (1) **two** (2) **three ten** (3) **five thirty**
　(4) **ten forty-five**

解説 時刻を表して「〜時…分です」というときは，It is[It's] のあとに〈時＋分〉の順で数を言えばよい。

(4) 45 は，forty-five のハイフン (-) を忘れないこと。

2 (1) **time / It** (2) **What time / It's**
　(3) **What time / About[Around]**
　(4) **What time / at**

解説 (1)(2)「何時ですか。」と時刻をたずねるときは What time is it? で表す。答えるときは It is [It's] 〜. で答える。主語が it であることに注意。

(3)「何時に〜しますか。」とたずねるときは，What time で文を始めて，あとに一般動詞の疑問文を続ける。「〜時ごろ」というときは，about または around を使う。

(4)「〜時に」と言うときは，at のあとに時刻を続ける。

3 (1) **What / It's** (2) **What day / It's**
　(3) **What's, date / It's**

解説 (1)(2) 曜日をたずねるときは What day is it? を使う。曜日を答えるときは，It is[It's] のあとに曜日を続ける。

(3) 日付をたずねるときは，What's the date (today)? を使う。日付を答えるときは It is[It's] のあとに日付を続ける。

4 (1) **It's sunny today.**
　(2) **It's hot today.**
　(3) **It's eight in the morning.**

解説 天候，寒暖，時刻などを表す文では，主語は特別に it を使う。「それは」と日本語に訳さないことに注意する。

Step 2 実力完成問題 　　　（p.64-65）

1 (1) **A** (2) **A** (3) **B**

解説 (1) ♪読まれた音声 A．It's three thirty. （3 時30分です。）

　B．It's three thirteen. （3 時 13 分です。）

(2) 🎵読まれた音声 A．It's August 8.（8月8日です。）
　B．It's August 18.（8月18日です。）
(3) 🎵読まれた音声 A．It's Saturday today. I have a math test.（今日は土曜日です。私は数学のテストがあります。）
　B．It's Tuesday today. I have a math test.（今日は火曜日です。私は数学のテストがあります。）

2 (1) time　(2) date　(3) at　(4) It　(5) on
解説 (1)「何時に」は what time。
(2) 日付は What's the date today? でたずねる。
(3)「～時に」は at ～。
(4) 寒暖を表す文では，主語に it を使う。
(5)「～曜日に」は on ～。

3 (1) What day　(2) What time
　(3) What time / at
解説 (1) 曜日をたずねるときは What day を使う。
(2) 時刻をたずねるときは What time is it? を使う。p.m. は「午後」という意味で，時刻のあとに続ける。
(3)「何時に」とたずねるときは What time で文を始める。「～時に」は at ～。

4 (1) What time do you usually go to bed?
　(2) It is rainy in
解説 (1)「何時に」を表す What time で文を始めて，あとに一般動詞の疑問文を続ける。頻度を表す usually（ふだん）はふつう一般動詞の前におく。「寝る」は go to bed。
(2) It を主語にして文をつくる。「東京は」は「東京では」と考えて，in Tokyo とする。

5 (1) He (usually) gets up at six thirty (a.m.)
　(2) He (usually) listens to the radio.
　(3) What time does Jun[he] (usually) do his homework?
解説 (1) A の質問は「純は朝5時に起きますか。」という意味。get up は「起きる」。主語が3人称単数なので，gets と s をつける。表では起床午前6時30分となっているので, at six thirty (a.m.) と答える。
(2) A の質問は「純は7時に何をしますか。」という意味。表では，7時は「ラジオを聞く」とある。「～を聞く」は listen to ～。

(3) B が「彼は午後8時に宿題をします。」と答えているので，「純[彼]は何時に宿題をしますか。」とたずねる文をつくる。What does Jun do at eight? でもよい。

6 (例)(1) What time is it?
　(例)(2) It's[It is] six (o'clock).
解説 (1)「今何時？」と時刻をたずねているので，What time is it? とする。最後に now をつけてもよい。
(2)「6時（ちょうど）だよ。」と時刻を答えているので，It で文を始める。

15　How ～?

Step 1　基礎力チェック問題（p.66-67）

1 (1) How　(2) How is　(3) How do
　(4) How do　(5) How old
解説 (1) How are you? は知り合いに会ったときに使うあいさつとして使われる。
(2)「天気はどうですか。」は How is the weather?。
(3)「どうやって～」と交通手段をたずねる文は how を文の最初におき，一般動詞の疑問文を続ける。交通手段を答えるときには By ～．で表す。
(4)「どう～しますか」とたずねるときは文の最初に How をおく。
(5) 年齢をたずねるときは How old。

2 (1) far　(2) tall　(3) much
　(4) many　(5) long　(6) high
解説 (1) 距離や遠さをたずねるときは，How far。
(2) 身長をたずねるときは How tall を用いる。
(3) 値段をたずねるときは How much を用いる。
(4)「何人」など，数をたずねるときは〈How many＋名詞の複数形〉の形を用いる。
(5) 時間の長さをたずねるときは How long を用いる。
(6) 高さをたずねるときは How high を用いる。

3 (1) イ　(2) ア　(3) ア　(4) イ
　(5) ア　(6) イ　(7) ア
解説 (1) 質問は「あなたは何歳ですか。」という意味。年齢を答える。
(2) 質問は「あなたは元気ですか。」という意味。

体調などを答える。

(3) 質問は「このかばんはいくらですか。」という意味。値段を答える。this bag は単数なので，It's ～. で答える。

(4) 質問は「あなたは兄弟が何人いますか。」という意味。人数を答える。

(5) 質問は「5時はどうですか。」という意味。自分の意見を述べる。

(6) 質問は「あなたはどうやって学校に来ますか。」という意味。交通手段を答える。I walk to school. は「私は学校へ歩いていきます」。

(7) 質問は「ここから上野駅まではどのくらい（時間が）かかりますか。」という意味。〈It takes ＋時間.〉で答える。

Step 2 実力完成問題 (p.68-69)

1 (1) **イ** (2) **ウ** (3) **イ**

解説 (1) ♪読まれた音声 A: Do you have any pets, Cindy? (きみはペットを飼っているの，シンディー？)

B: Yes, I do. I have a cat. How about you, Nick? (はい。私はネコを飼っているわ。あなたはどう，ニック？)

A: I have two dogs. They are very cute. (ぼくは犬を2匹飼っているよ。2匹ともとてもかわいいよ。)

Question: How many dogs does Nick have?(ニックは何匹犬を飼っていますか。)

(2) ♪読まれた音声 A: Billy, do you come to school by bus? (ビリー，あなたはバスで学校へ来ますか。)

B: No, I come to school by bike. (いいえ，ぼくは自転車で学校へ来るよ。)

Question: How does Billy come to school? (ビリーはどのように学校へ来ますか。)

(3) ♪読まれた音声 A: It's sunny in Tokyo now. How's the weather in London, Meg? (今，東京は晴れているよ。ロンドンの天気はどう，メグ？)

B: It's rainy. And it's a little cold. (雨が降っているわ。そして少し寒いわ。)

Question: How is the weather in London? (ロンドンの天気はどうですか。)

2 (1) **ウ** (2) **ア** (3) **イ** (4) **オ** (5) **エ**

解説 (1) 質問は「カリフォルニアの生活はどうですか。」 様子を答える。

(2) 質問は「富士山はどのくらいの高さですか。」 ～ high で答える。

(3) 質問は「あなたのおじいさんは何歳ですか。」 ～ years old で答える。

(4) 質問は「そのキリンの身長はどのくらいですか。」 ～ tall で答える。

(5) 質問は「この橋の長さはどれくらいですか。」 ～ long で答える。

3 (1) **How much** (2) **How many**
(3) **How's** (4) **How long**
(5) **How about**

解説 (1) 値段をたずねる How much を用いる。

(2) 数をたずねる How many を用いる。How many のあとに続く名詞は複数形にする。

(3) 体調や気分をたずねる文。空所の数から短縮形 How's を入れる。

(4) 時間の長さをたずねる「どのくらい長く」の意味を表す How long を入れる。

(5) 「私はこの色が好きではない。」に対して，「黄色はどうですか。」と言っているので，相手の意向をたずねる How about が入る。

4 (1) **How do you go to the museum?**
(2) **How old is this temple?**

解説 (1) 「どのように」と手段をたずねるときは，How で文を始めて，あとに一般動詞の疑問文を続ける。

(2) 「どのくらい古い」のように建物の古さをたずねる文なので How old で文を始め，あとに be 動詞の疑問文を続ける。

5 (例)(1) **How much is that bag?**
(例)(2) **How long does it take to the museum?**

解説 (1) 「あのかばんはいくらですか。」値段をたずねる文は How much で始める。

(2) 所要時間をたずねるときによく使われる表現。主語の it は時間を表すときに使われる。

6 (例)(1) **How do you spell your name?**
(例)(2) **How about tomorrow?**

解説 (1) 相手の名前のつづりをたずねる文な

で，How（どのように）で文を始める。「～をつづる」は spell。

(2)「～はどうですか？」と相手の意向をたずねる文は How about ～? で表す。「～」には名詞などをそのまま入れることができる。

16 Who, Which, Where など

1 (1) **Who** (2) **When** (3) **Where**
(4) **Why** (5) **Whose bag**

解説 疑問詞は文の最初におく。

(1)「だれ」は who。

(2) when（いつ）は時をたずねる疑問詞。

(3) where（どこ）は場所をたずねる疑問詞。

(4) why（なぜ）は理由をたずねる疑問詞。

(5)「だれの…」は〈whose＋名詞〉で表す。「（人）の」と言うときには〈人の名前＋'s〉で表す。

2 (1) **Who** (2) **Whose** (3) **Which**
(4) **When** (5) **Where** (6) **Why**

解説 (1)「私の母です。」と答えているので，「だれが」という意味を表す Who を選ぶ。who が主語になるときには3人称単数扱いになり，また，ふつうの文と同じ語順になる。動詞の語尾には s, または es をつける。

(2)「スミスさんのものです。」と答えているので，「だれの～」という意味を表す Whose を選ぶ。Who's は Who is の短縮形。

(3)「この黒いのです。」と答えているので，「どちら」という意味を表す Which を選ぶ。which は限られたものの中から選択するときに用いる疑問詞。

(4)「放課後に」と時を答えているので，「いつ」という意味を表す When を選ぶ。

(5)「シカゴに」と場所を答えているので，「どこ」という意味を表す Where を選ぶ。

(6) Because で理由を答えているので，「なぜ」という意味を表す Why を選ぶ。

3 (1) **イ** (2) **イ** (3) **ア** (4) **ア** (5) **ア**
(6) **イ** (7) **イ** (8) **イ** (9) **ア**

解説 (1)「樋口さんとはだれですか。——彼は私たちの国語の先生です。」

(2)「これはだれの机ですか。——それは健のです。」

(3)「あなたの誕生日はいつですか。——1月1日です。」

(4)「あなたの学校はどこですか。——公園の隣です。」next to ～で「～の隣」の意味を表す。

(5)「なぜあなたは帰宅が遅いのですか。——なぜならば，仕事がたくさんあるからです。」

(6)「あなたたちはどこでテニスをしますか。——私たちは公園でします。」

(7)「あなたはいつテレビを見ますか。——私は夕食後にテレビを見ます。」after dinner は「夕食後に」。

(8)「どのバスが駅に行きますか。——5番のバスです。」

(9)「だれがこのコンピューターを使いますか。——私の兄[弟]が使います。」答えの文の does は uses this computer を1語で表したもの。

1 (1) **ア** (2) **ウ** (3) **ウ**

解説 (1) ♪読まれた音声 A: Lisa, let's go to the beach this Saturday. （リサ，今度の土曜日にビーチへ行こうよ。）

B: Sorry, Tim. I have a piano lesson on Saturday. How about Sunday? （ごめんなさい，ティム。土曜日はピアノのレッスンがあるの。日曜日はどう？）

A: OK. （いいよ。）

Question: When does Lisa have a piano lesson? （質問：リサはいつピアノのレッスンがありますか。）

(2) ♪読まれた音声 A: Oh, no! I can't find my smartphone. （ああ，どうしよう！ ぼくのスマートフォンが見つからないよ。）

B: Oh, Tom. It's on the table in the living room. （ああ，トム。居間のテーブルの上にあるわよ。）

A: Thank you, Mom. （ありがとう，お母さん。）

Question: Where is Tom's smartphone? （トムのスマートフォンはどこにありますか。）

(3) ♪読まれた音声 A: Kenji, your brother is a good soccer player! （健二，あなたのお兄さん[弟さん]は上手なサッカー選手ね[サッカーが上手ね]！）

B: Yes, he can play soccer well. Do you play soccer, Beth? (うん，彼はサッカーが上手にできるんだ。きみはサッカーをするの，ベス。)

A: No, I don't play soccer, but I play tennis. (いいえ，サッカーはしないわ，でもテニスはするわ。)

Question: Who can play soccer well? (サッカーが上手にできるのはだれですか。)

2 (1) **ウ** (2) **エ** (3) **カ** (4) **ア** (5) **イ** (6) **オ**

解説 (1)「グリーンさんはどこの出身ですか。——彼女はアメリカ合衆国の出身です。」be from ~ は「~の出身」。

(2)「あなたはいつ犬を散歩させますか。——朝食前です。」before ~ は「~の前に」。

(3)「なぜ彼らは今日家にいるのですか。——学校がないからです。」be at home は「家にいる」。

(4)「だれがそのお年寄りたちを助けて(手伝って)いるのですか。——京子と私です。」

(5)「どちらがあなたのTシャツですか。——黒いのです。」答えの文の one は T-shirt を言いかえた語。

(6)「これはだれのグラスですか。——それは智恵のです。」〈人物名＋'s〉で「~のもの」という意味。

3 (1) **When** (2) **Where** (3) **Which**
　(4) **Who** (5) **Where** (6) **Whose**

解説 (1) 日付を答えているので，時をたずねる When を入れる。

(2)「カフェテリアで」と場所を答えているので，場所をたずねる Where を入れる。

(3) a car or a bike「車か自転車か」と2つのものを選択するようたずねているので「どちら」の意味を表す Which を入れる。

(4)「彼は私のいとこです。」と答えているので，人物をたずねる Who を入れる。

(5)「公園の近くです。」と場所を答えているので，Where を入れる。

(6) Koji's「浩二のもの」と持ち主を答えているので，「だれの」という意味を表す Whose を入れる。

4 (1) **Which way is the stadium?**
　(2) **Why do you get up early?**

解説 (1)「どちらの~」は〈which＋名詞〉。

(2) 理由をたずねる疑問詞 Why を文の最初にお

く。「起きる」は get up。

5 (例) **Where is Platform 5?**

解説「~はどこですか。」と場所をたずねているので，Where is ~? で表す。

6 (例)(1) **when's[when is] your birthday**
　(例)(2) **How old is she?** (3) **Why**

解説 (1) 日付を答えているので，「あなたの誕生日はいつですか。」とたずねる文をつくる。

(2)「20歳です。」と年齢を答えているので，「彼女は何歳ですか。」とたずねる文をつくる。

(3) Because で理由を答えているので，理由をたずねる疑問詞 Why を入れる。

【全文訳】美江：ベン，このかばんを見て。誕生日に祖父からプレゼントをもらったのよ。

ベン：すてきだね。ところで君の誕生日はいつ？

美江：私の誕生日は1月29日よ。

ベン：本当？　姉の誕生日と同じ日だよ。

美江：まあ！　彼女は何歳？

ベン：20歳だよ。彼女はぼくたちといっしょに暮らしてはいないんだ。

美江：どうして？

ベン：カナダの大学に通っているからだよ。

定期テスト予想問題 ③ (p.74-75)

1 (1) **イ** (2) **ア** (3) **ア** (4) **イ**

解説 (1) ♪読まれた音声 *A:* Excuse me. One small chocolate ice cream, please. (すみません。チョコレートアイスクリームのS(スモールサイズ)を1つください。)

B: Sure. That's two dollars. (かしこまりました。2ドルになります。)

A: OK. Here you are. (わかりました。はい，どうぞ。)

Question: How much is the ice cream? (質問：アイスクリームはいくらですか。)

(2) ♪読まれた音声 *A:* The next class is math. Ann, do you like math? (次の授業は数学だね。アン，君は数学が好き？)

B: No, I don't. I like music. How about you, David? (いいえ。私は音楽が好き。あなたはどう，デイビッド？)

A: I like math very much. (ぼくは数学がとても好きだよ。)

Question: What subject does David like? (質問：デイビッドが好きな教科は何ですか。)

(3) 🎵読まれた音声 *A:* Ken, what time do you usually get up? (健, あなたはふだん何時に起きますか。)

B: I get up at six, but I got up at eight this morning, so I'm late for school today. (ぼくは6時に起きるよ。でも今朝は8時に起きたんだ。だから今日は学校に遅れたんだ。)

Question: What time does Ken usually get up? (質問：健はふだん何時に起きますか。)

(4) 🎵読まれた音声 *A:* Chris, do you like skiing? (クリス, あなたはスキーが好きですか。)

B: Yes, very much. I go skiing with my family in January every year. (うん, とっても。ぼくは毎年1月に家族でスキーに行くんだよ。)

Question: When does Chris go skiing? (質問：クリスはいつスキーへ行きますか。)

2 (1) **How** (2) **Why** (3) **Who**
　(4) **Which** (5) **How about**

解説 (1)「京都の天気はどうですか。——くもりです。」天候をたずねる疑問文は how を使う。

(2)「ホワイト先生はなぜ自転車で学校に来るのですか。——彼は車を持っていないからです。」Because で答えているので, 理由をたずねる Why を入れる。

(3)「タケルとはだれですか。——彼は私の親友です。」人物との間柄を答えているので, Who (だれ) を入れる。

(4)「どのバスが病院へ行きますか。——あの青いのです。」この one は bus を指す。

(5)「私は和食が好きです。あなたはどうですか, ジム。——ぼくはそれがとても好きです。」How about you? は相手の意向をたずねる文。

3 (1) **ウ** (2) **ウ** (3) **イ**
　(4) **イ** (5) **ウ** (6) **ア**

解説 (1)「7月10日です。」と日付を答えているので, 「日付」という意味の date を選ぶ。

(2)「早紀のです。」のように持ち主を答えているので, Whose を選ぶ。**イ**の Who's は Who is の短縮形。

(3) 日付を答えているので, 「いつ」という意味の When を選ぶ。When is your birthday? は相手の誕生日をたずねるときの決まった表現。

(4)「ヒルさんはギターを弾きますか。」主語が3人称単数なので, Does を選ぶ。一般動詞の疑問文では be 動詞はいっしょに使わない。

(5)「リサはスポーツが好きではありません。」主語が3人称単数のとき, 一般動詞の否定文は doesn't[does not] を使う。

(6)「私の姉[妹]はふつう5時に帰宅します。」時刻を表して「～に」は at を使う。

4 (例)(1) **It needs eight (volunteers).**
　(例)(2) **They work at[in] the[a] library [Higashi Library].**
　(例)(3) **They work for two hours.**

解説 (1)「図書館では, 何人のボランティアが必要ですか。」How many ～? には数を答える。volunteers は省略してもよい。

(2)「ボランティアたちはどこで働きますか。」Where ～? には場所を答える。At[In] the library. としてもよい。

(3)「ボランティアたちはどのくらいの時間働きますか。」How long ～? には時間の長さを答える。hour は「1時間」という意味。

5 (1) **old** (2)② **studies** ④ **lives** ⑤ **has**
　(3)③ **Does he live in the U.S.?**
　　⑥ **what animal do you like?** (4) **ウ**

解説 (1) テッドが年齢を答えているので, How old (何歳) の形にする。

(2) いずれも主語が3人称単数。②語尾の y を i にかえて es をつける。

④語尾に s をつける。

⑤ have は特別に変化し, has となる。

(3)⑥ 彩が「コアラが好き」と答えているので, 好きな動物をたずねる文をつくる。what animal (どんな動物) で始める。

(4) **ア・イ** 大学生でアメリカに住んでいるのはテッドではなく, テッドの兄 (フレッド)。

【全文訳】テッド：この写真を見て。これがぼくの兄のフレッドだよ。

彩：うわあ, かっこいい！ 彼は何歳なの？

テッド：20歳だよ。彼は大学生なんだ。科学の

勉強をしているよ。

彩：そうなんだ。彼はアメリカに住んでいるの？

テッド：そうだよ，彼は今ニューヨークに住んでいるんだ。

彩：テッド，この犬はとてもかわいいわね。これは彼の犬なの？

テッド：そうだよ。彼は犬を1匹とネコを1匹飼っているんだ。

彩：わあ，彼は動物が好きなのね！

テッド：彩，君はどんな動物が好きなの？

彩：私はコアラが好きよ。

---

17 時・場所を表す前置詞

Step 1 基礎力チェック問題 （p.76-77）

1 (1) at (2) on (3) in (4) in (5) on
(6) in (7) for (8) after (9) before (10) by

解説 (1) 時刻を表して「～時に」は at を使う。

(2)「～曜日に」は on を使う。

(3) 季節を表して「～に」は in を使う。

(4)「朝に，午前中に」は in the morning。

(5) 特定の日付を表して「～に」は on を使う。

(6) 月を表して「～に」は in を使う。

(7)「5分間待ってください。」「～の間」は for。

(8)「放課後に」は after school。

(9)「夕食の前に手を洗いなさい。」「～の前に」は before。

(10)「8時までに宿題を終わらせなさい。」期限を表して「～までに」は by を使う。

2 (1) in (2) on (3) for (4) at

解説 (1)「～年に」は in を使う。

2018 は twenty eighteen と読む。

(2)「～曜日に」は on を使う。曜日を複数形にすると「毎週～曜日に」という意味を表す。

(3)「1時間」は for an hour。

(4)「～時に」は at を使う。

3 (1) in (2) near
(3) around (4) between

解説 (1)「私のおじは今ロンドンに住んでいます。」live in ～で「～に住む，住んでいる」。

(2)「私の家は公園の近くにあります。」

(3)「池の周りを歩きましょう。」

(4)「書店は生花店とコンビニエンスストアの間にあります。」between A and B で「A と B の間に」。

4 (1) by[near] (2) under (3) in
(4) on (5) on (6) front (7) next

解説 (1)「～のそばに」は by[near]。

(2)「～の下に」は under。

(3)「～の中に」は in。

(4)「～の上に」は on。

(5) on は接触して「～の上に」ということを表す。

(6)「～の前に」は in front of ～。

(7)「～の隣に」は next to ～。

Step 2 実力完成問題 （p.78-79）

1 (1) C (2) B (3) B

解説 (1) ♪読まれた音声 *A:* Where is Yuki?（由紀はどこにいますか。）

B: **A**．She is by the bench.（ベンチのそばにいます。）

B．She is on the tree.（木の上にいます。）

C．She is under the tree.（木の下にいます。）

(2) ♪読まれた音声 *A:* Where is Ann?（アンはどこにいますか。）

B: **A**．She is between Kenji and Yuki.（健二と由紀の間にいます。）

B．She is next to Tom.（トムの隣にいます。）

C．She is in front of Tom.（トムの前にいます。）

(3) ♪読まれた音声 *A:* How many people can you see in the picture?（絵の中には何人の人が見えますか。）

B: **A**．Two.（2人。）

B．Four.（4人。）

C．Six.（6人。）

2 (1) at (2) under (3) into (4) in (5) on

解説 (1)「朝の7時に」。時刻を表して「～時に」は at を使う。

(2)「木の下にいる少年」。選択肢の中で最もふさわしいのは under。

(3)「部屋に入ってくる」。into は「～の中へ」と動きを表す前置詞。

(4)「夏に」。季節を表して「～に」は in を使う。

(5) 特定の日付を表して「～に」は on を使う。

3 (1) by (2) before (3) from (4) after
　　(5) on

解説 (1)「～のそばに」は by。

(2)「～の前に」は before。

(3)「A から B まで」は from A to B。

(4)「～後に」は after。before と対にして覚える。

(5)「壁に（接して）」は on。

4 (1) in spring (2) in, in (3) at
　　(4) in　　　　(5) around

解説 (1)「春に」は in spring。

(2)「朝の」は in the morning。シドニーのような広い場所を表して「～に」は in を使う。

(3) 時刻を表して「～に」は at を使う。

(4)「教室に」は in the classroom。

(5)「～の周りを」は around。

5 (例)(1) is in front of the station / is next to the bookstore

　　(例)(2) It's between the park and the hospital.

解説 地図をよく見て，場所を確認する。

(1)「生花店はどこにありますか。」生花店は駅の前にある。「～の前に」は in front of ～。「書店の隣にある」と考えて，It is next to the bookstore. としてもよい。

(2)「図書館はどこにありますか。」図書館は公園と病院の間にある。「A と B の間に」は between A and B。It's next to the park[hospital]. も可。

6 (例) I can see a book on the bed.

解説 イラストでは，ベッドの上に本が1冊あるのが見える。The book is on the bed. / There is a book on the bed. なども可。

18 代名詞

(Step 1) 基礎力チェック問題（p.80-81）

1 (1) I　　(2) you (3) She
　　(4) they (5) We

解説 (1)「私は」は I。　(2)「あなたは」は you。

(3)「彼女は」は she。　(4)「彼らは」は they。

(5)「私たちは」は we。

2 (1) his (2) My　(3) her (4) Our

　　(5) Its (6) Their (7) your

解説 すべて名詞を修飾する所有格の代名詞。

(1)「これは彼の車です。」「彼の」は his。

(2)「私の兄[弟]の名前は智也です。」「私の」は my。

(3)「私は彼女のお兄さん[弟さん]を知っています。」「彼女の」は her。

(4)「私たちの家は図書館の前です。」「私たちの」は our。in front of ～は「～の前に」。

(5)「私は犬を飼っています。その[それの]名前はジャックです。」「それの」は its。

(6)「彼らの娘たちは親切です。」「彼らの」は their。

(7)「あなたの」「あなたたちの」は your。

3 (1) you (2) him　(3) us
　　(4) it　(5) them (6) her

解説 すべて目的格の代名詞を選ぶ。

(1)「私はあなた(たち)が大好きです。」you の目的格は you。

(2)「私は毎日彼といっしょに通学しています。」前置詞 with の後ろは目的格の代名詞。

(3)「私の母は私たちのために夕食を料理してくれます。」前置詞 for の後ろは目的格の代名詞。

(4)「あなたは夕食後に宿題をしますか。——いいえ。私はそれを夕食前にします。」it の目的格は it。

(5)「だれがそのネコたちを世話していますか。——私の姉[妹]と私がそれらを世話しています。」前置詞 of の後ろは目的格の代名詞。

(6)「私はよく彼女に数学を教えます。」前置詞 to の後ろは目的格の代名詞。

4 (1) hers (2) yours (3) mine
　　(4) his (5) Ours (6) theirs

解説 すべて「～のもの」という意味を表す所有代名詞を入れる。

(1)「彼女のもの」は hers。

(2)「あなたのもの」は yours。

(3)「私のもの」は mine。

(4)「彼のもの」は his。

(5)「私たちのもの」は ours。

(6)「彼らのもの」は theirs。

28

1 (1) **ア** (2) **イ** (3) **ウ**

解説 (1) ♪読まれた音声 *A:* Ken, do you know that man by the door? （健，ドアのそばにいるあの男の人を知っていますか。）

B: Yes, I do. He's my English teacher, Mr. Hill. （うん。彼はぼくの英語の先生のヒル先生だよ。）

Question: Is the man Ken's teacher? （質問：その男性は健の先生ですか。）

(2) ♪読まれた音声 *A:* Is this your bag, Judy? （これはあなたのかばんですか，ジュディー。）

B: No, Bill. It's my sister Amy's. （いいえ，ビル。それは私の姉[妹]のエイミーのよ。）

Question: Whose bag is this? （質問：これはだれのかばんですか。）

(3) ♪読まれた音声 *A:* Oh, that red bike is nice. Ted, is it yours? （うわあ，あの赤い自転車はすてきだね。テッド，それはあなたの？）

B: No, mine is black. That is Jim's bike. （いいえ，ぼくのは黒だよ。あれはジムの自転車だよ。）

Question: What color is Ted's bike? （質問：テッドの自転車は何色ですか。）

2 (1) **He** (2) **her** (3) **Mine** (4) **it**
(5) **your** (6) **him** (7) **They**

解説 (1) my father を言いかえた語で，主語の働きをするのは He。

(2) know のあとは「～を」の意味を表す目的格。

(3) 選択肢の中で主語の働きをするのは I と Mine。be 動詞が is であることに着目する。I → am なので，Mine を選ぶ。「私の（もの）はあちらにあります。」

(4) practice のあとは「～を」という意味を表す目的格がくる。

(5) 空所の直後に skirt「スカート」があることに注目し，「あなたのスカート」となるように your を選ぶ。

(6) 前置詞の後ろには目的格がくる。

(7) 前の文の two brothers を1語で言いかえた語で，主語の働きをするのは They。

3 (1) **Our** (2) **them** (3) **its** (4) **yours**

解説 (1)「私たちの」は our。

(2) 動詞 tell に続く代名詞は目的格。「彼らに」は them。

(3) 名詞の name を修飾するのは所有格。「それの」は its。

(4)「あなたたちのもの」は所有代名詞 yours。

4 (1) **He is very kind to <u>me</u>.**
(2) **My father often takes <u>us</u> to**

解説 (1) be kind to ～で「～に親切だ」という意味。前置詞の後ろには目的格がくるので，I を me にする。

(2) 〈take＋人＋to＋場所〉で「（人）を（場所）に連れていく」の意味。動詞の後ろには目的格をおくので，we は us にする。「よく」の意味を表す often はふつう主語と一般動詞の間に入れる。

5 (例)(1) **We are on[We're members of]**
(例)(2) **He is[He's] a very good**
(例)(3) **His house is[He lives]**

解説 (1)「ぼくらはバスケ部」とあるので，「私たちはバスケットボール部に入っています。」，あるいは「私たちはバスケットボール部の部員です。」という英文をつくる。「～部に入っている」は be on ～ team で表す。「～の部員」は，主語が複数なので members of ～で表す。主語が we なので，be 動詞は are を使う。

(2)「彼はバスケがすごく上手」とあり，basketball player と表されているので，「彼はとても上手なバスケットボール選手です。」という英文をつくる。

(3)「彼の家とぼくの家は近所」とあるので，「彼の家は私の家の近くです。」あるいは「彼は私の家の近くに住んでいます。」という英文をつくる。

6 (1) **ウ** (2) **エ**

解説 (1)「祐樹はあなたのお兄さん[弟さん]ですか。――はい，彼は私の兄[弟]です。」

(2)「あなたはあの女の子を知っていますか。――いいえ，私は<u>彼女</u>を知りません。」

19　感嘆文

1 (1) What　(2) What a　(3) What an
　(4) What small　(5) What, hot
　(6) What, tall

解説　あとに名詞が続くとき「なんと～なのでしょう！」という感嘆文は〈What a[an]＋形容詞＋名詞!〉で表す。

(3) old（古い）が母音（「ア・イ・ウ・エ・オ」に似た音）で始まる語なので，an を使う。

(4) 複数形の名詞が続く形。a はつかない。

(5)(6) 名詞のあとに〈主語＋動詞〉が続く場合もある。

2 (1) How　　(2) How fast　(3) How big
　(4) How cold　(5) How lucky

解説　あとに名詞が続かないとき，「なんと～なのでしょう！」という感嘆文は〈How＋形容詞[副詞]!〉で表す。

(3)～(5) 形容詞[副詞]のあとに〈主語＋動詞〉が続く場合もある。(3)は large も可。

3 (1) What　(2) How　(3) What
　(4) How　(5) an　　(6) is your school

解説　(1)(3) あとに〈形容詞＋名詞〉が続いているので What を選ぶ。

(2) あとに形容詞だけが続いているので How を選ぶ。

(4) that girl が主語。形容詞 kind だけが続いているので How を選ぶ。

(5) interesting は母音で始まる語なので an を選ぶ。

(6) 文末がクエスチョン・マーク(?)なので疑問文だと判断する。「あなたの学校は創立何年ですか。」

4 (1) なんと便利なコンピューターなのでしょう！
　(2) なんとすばらしいのでしょう！
　(3) なんと小さな絵[写真]なのでしょう！
　(4) あなたはどんなスポーツができますか。
　(5) この少年の背の高さはどのくらいですか。

解説　感嘆文には文末に感嘆符(!)を，疑問文には
クエスチョン・マーク(?)を使う。(4)と(5)は疑問文。

1 (1) A　(2) C　(3) C

解説　(1) ♪読まれた音声 *A:* Look at that blue bird over there.（向こうにいるあの青い鳥を見てください。）

B: **A**．Wow, how beautiful!（わあ，なんと美しいんでしょう！）

B．Nice to meet you.（はじめまして。）

C．Yes, I am.（はい，私はそうです。）

(2) ♪読まれた音声 *A:* What a heavy box! I can't carry it.（なんと重い箱なんだ！　私は運べません。）

B: **A**．I want some water.（私は水がほしいです。）

B．Thank you very much.（どうもありがとう。）

C．OK. I'll help you.（わかりました。私が手伝います。）

(3) ♪読まれた音声 *A:* How old is your dog?（あなたの犬は何歳ですか。）

B: **A**．Oh, how old!（わあ，とても年をとっているんですね！）

B．It's two hundred yen.（200 円です。）

C．It's three years old.（3 歳です。）

2 (1) What　(2) What　(3) How　(4) How
　(5) What　(6) an　　(7) How

解説　(1)「なんと上手な歌手なのでしょう！」

(2)「なんと高い木なのでしょう！」

(3)「あなたはなんと速く走るのでしょう！」

(4)「なんと長いんでしょう！」

(5)「なんとすてきな日でしょう！」

(6)「なんと驚くべき話なのでしょう！」amazing（驚くべき）が母音で始まる語なので an を選ぶ。

(7)「あなたのお兄さん[弟さん]はどのくらいの背の高さですか。」How tall の疑問文。

3 (1) What an　(2) How delicious[good]
　(3) What, big[large]
　(4) How wonderful[nice]
　(5) How　(6) What a

解説　(1) old は母音で始まる語なので an を入れる。

(2)「おいしい」は delicious。good でもよい。

(5) funny は「おもしろい」。

④ (1) **What a cute cat!**

   (2) **How hot it is today!**

   (3) **What an interesting program!**

解説 (1) What で始まる感嘆文。how が不要。

(2) How で始まる感嘆文。形容詞 hot のあとに〈主語＋動詞〉が続く形。what が不要。

(3) What で始まる感嘆文。interesting が母音で始まる語なので an を使うことに注意。a が不要。

⑤ (例)(1) **What a beautiful[nice] view!**

  (例)(2) **How expensive (this is)!**

  (例)(3) **How lucky you are!**

解説 いずれも感嘆文で表すとよい。

(1)「きれいな」は beautiful，または nice を使う。view は「ながめ」という意味。

(2)「(値段が)高い」は expensive。形容詞のあとに〈主語＋動詞〉をつなげてもよい。

(3)「運がよい」は lucky。

⑥ **what a nice surprise**

解説 ジェフ（Jeff）がプレゼントをもらって「なんとすてきな驚きなんだ！（びっくりしたけどうれしい！）」と喜んでいる場面。what 〜! の感嘆文をつくる。

20　現在進行形

Step 1 基礎力チェック問題（p.88-89）

① (1) **reading**　(2) **talking**　(3) **doing**

  (4) **watching**　(5) **sleeping**　(6) **going**

  (7) **coming**　(8) **driving**　(9) **writing**

  (10) **swimming**

解説 (1)〜(6) そのまま ing をつける。

(7)〜(9) 語尾が e の動詞は e をとって ing をつける。

(10)〈短母音＋子音字〉で終わる語は子音字を重ねて ing をつける。

② (1) **am**　(2) **are**　(3) **is**　(4) **are**　(5) **are**

解説 主語に合わせて，適する be 動詞(am, are, is)を入れる。

(1)「私はピアノを弾いているところです。」主語が I なので，be 動詞は am。

(2)「私たちは学校へ行くところです。」主語が we なので，be 動詞は are。

(3)「マイクは犬の散歩をしているところです。」主語が Mike なので，be 動詞は is。

(4)「トムとジムは図書館で勉強しています。」主語が Tom and Jim で複数なので，be 動詞は are。

(5)「彼らは公園で走っています。」主語が they なので，be 動詞は are。

③ (1) **watching**　(2) **are playing**

  (3) **is doing**　(4) **are sleeping**

  (5) **is driving**　(6) **are swimming**

解説 (1)「(テレビを)見ている」は watch を ing 形にして表す。

(2)「(サッカー)をしている」は play を用いて，進行形で表す。主語が we なので be 動詞は are，play はそのまま ing をつける。

(3)「(宿題)をしている」は do を用いて進行形で表す。主語が Yuki なので be 動詞は is，do はそのまま ing をつける。

(4)「眠っている」は sleep を用いて進行形で表す。主語が the children で複数なので be 動詞は are，sleep はそのまま ing をつける。

(5)「運転している」は drive を用いて進行形で表す。主語が Ms. White なので be 動詞は is，drive は語尾が e なので，e をとって ing をつける。

(6)「泳いでいる」は swim を用いて進行形で表す。主語が they なので，be 動詞は are。swim は語尾が〈短母音＋子音字〉なので，子音字を重ねて ing をつける。

④ (1) **know**　(2) **like**　(3) **has**　(4) **are having**

解説 (1)(2) know や like など，状態を表す動詞は進行形にしない。

(3)「〜がいる[〜を持っている]」という意味の have は動作ではないので，進行形にしない。主語が 3 人称単数なので，has を選ぶ。

(4)「〜を食べる」という意味の have は動作を表すので進行形になる。「私たちは〜を食べている。」は We are having 〜. で表す。

⑤ (1) **not singing**　(2) **isn't writing**

  (3) **aren't talking[speaking]**

  (4) **not cleaning**　(5) **isn't cooking**

解説 現在進行形の否定文は be 動詞のあとに not を入れる。(2)(3)(5) 空所の数から短縮形を入れる。

1　(1) **ウ**　(2) **イ**　(3) **ア**

解説 (1) ♪読まれた音声 Lisa is reading a book.（リサは本を読んでいます。）

(2) ♪読まれた音声 Sam is sleeping in the bed.（サムはベッドで眠っています。）

(3) ♪読まれた音声 Mami is talking on the phone.（真美は電話で話しています。）

2　(1) **are**　(2) **is playing**　(3) **aren't**

(4) **know**　(5) **doesn't**

解説 (1)「私たちは台所で料理をしています。」主語が we なので are を選ぶ。

(2) 選択肢から「雄太は彼の部屋でテレビゲームをしています。」の意味になるように is playing を選ぶ。be 動詞と一般動詞の原形は同時に使えない。また，主語が 3 人称単数なので play は plays でなければならない。

(3)「彼らは私の家に来るところではありません。」あとに coming があるので，aren't を入れて，現在進行形の否定文にする。

(4) know は進行形にしない動詞。

(5) 一般動詞 like の否定文。主語が 3 人称単数なので，doesn't を選ぶ。

3　(1) **They're swimming**　(2) **have**

(3) **is having[eating]**　(4) **not studying**

(5) **aren't watching**　(6) **isn't cleaning**

解説 (1)「～しています」「～しているところです」は現在進行形で表す。空所の数から They are は短縮形の They're を入れる。swim は m を重ねて ing をつける。

(2) 一般動詞を用いて表す。

> ミス対策 「持っている(have)」は状態を表すので，進行形にはしない。日本語にまどわされないこと。

(3)「夕食をとっているところです」は進行形。主語が 3 人称単数なので be 動詞は is，have は語尾の e をとって ing をつける。eating でもよい。

(4)「勉強しているところではありません」は現在進行形の否定文。be 動詞のあとに not を入れ，study を ing 形にする。

(5)「見ていません」は現在進行形の否定文。空所の数から，短縮形 aren't を入れる。

(6)「そうじしていません」は現在進行形の否定文。「そうじする」は clean で，そのまま ing をつける。

4　(1) **listening**　(2) **running**　(3) **working**

(4) **writing**　(5) **practicing**

(6) **making**　(7) **taking**

解説 いずれも現在進行形の文なので，動詞を ing 形にかえる。

(2) 語尾の n を重ねて ing をつける。

(4)～(7) 語尾の e をとって ing をつける。

5　(1) **is carrying a box to the classroom**

(2) **girls are sitting under the tree**

(3) **It is not raining in Tokyo**

解説 (1)「運んでいるところです」は現在進行形。carry はそのまま ing をつける。

(2)「座っています」は現在進行形。sit は語尾が〈短母音＋子音字〉なので，子音字を重ねて ing をつける。「～の下に」は under ～。

(3) 天候を表す文の主語は it。「降っていません」は現在進行形の否定文。be 動詞 is のあとに not を入れて，rain を ing 形にする。

6　(例) **I am[I'm] studying English.**

解説 今，この問題を解いているということは，「英語を勉強しています。」という英文が書ける。

21　現在進行形の疑問文

1　(1) **Are**　(2) **Is, playing**

(3) **Are, studying**

解説 現在進行形の疑問文は，be 動詞の疑問文と同様に be 動詞で文を始める。

(1) Are you ～? の形にする。

(2) Is Mr. Brown ～? の形にする。

(3) Are they ～? の形にする。

2　(1) **Are**　(2) **am**　(3) **Is**

(4) **is**　(5) **Do**　(6) **don't**

解説 (1) あとに using があるので，現在進行形の疑問文と考え，be 動詞 Are を選ぶ。

(2) Are you ～? の疑問文には，be 動詞を使って

Yes, I am. か Yes, we are. で答える。

(3) あとに sleeping があるので，現在進行形の疑問文と考え，Is を選ぶ。

(4) Is ～? の疑問文には，be 動詞 is を使って答える。

(5) あとに like があるので，一般動詞の疑問文と考え，Do を選ぶ。like は進行形にしない動詞。

(6) Do ～? の疑問文には do を使って答える。

③ (1) What is (2) What is, doing
   (3) Who is

解説 (1)(2)「何をしていますか」は疑問詞 What を文の最初におき，現在進行形の疑問文を続ける。「する」を表す do を ing 形にかえる。

(3)「だれが～していますか。」は疑問詞 Who を文の最初におく。疑問詞が主語の働きをする場合，3人称単数扱いになり，ふつうの文と同じようにあとに〈is + ing 形〉を続ける。

④ (1) are, doing / cooking
   (2) What, studying / are, studying
   (3) Who, singing / is
   (4) Where are / are

解説 (1)「何をしていますか」は What are you doing? の形。「料理をする」は cook で，ing 形にする。

(2)「勉強する」は study で，ing 形にする。答えの文は，主語が we なので，be 動詞は are にする。

(3)「だれが」は who で，疑問文の主語になっている。「(歌を) 歌う」は sing で，ing 形にする。

(4)「どこで」は where。主語は複数なので，be 動詞は are。

⑤ (1) Are / am   (2) Is / isn't
   (3) Are / aren't (4) are / They are

解説 (1)「あなたはお母さんを手伝っていますか。——はい，手伝っています。」

(2)「あなたのお父さんは車を洗っていますか。——いいえ，洗っていません。」

(3)「彼らは英語で話していますか。——いいえ，話していません。」

(4)「ヒデとカズは何をしていますか。——彼らはテレビゲームをしています。」

Step 2 実力完成問題   (p.94-95)

① (1) イ (2) ウ (3) イ

解説 (1) ♪読まれた音声 A: Hi, Sarah. What are you doing?（こんにちは，サラ。何をしているの。）

B: I'm studying math. I have a math test tomorrow.（私は数学を勉強しているの。明日，数学のテストがあるの。）

Question: What subject is Sarah studying?（質問：サラは何の教科を勉強していますか。）

(2) ♪読まれた音声 A: Tom, are you watching TV?（トム，あなたはテレビを見ているの？）

B: No, I'm playing a video game.（いいや，ぼくはテレビゲームをしているんだよ。）

Question: What is Tom doing?（質問：トムは何をしていますか。）

(3) ♪読まれた音声 A: Dad, what are you making?（お父さん，何を作っているの？）

B: I'm making sandwiches. Ann, do you want to try one?

（サンドイッチを作っているんだよ。アン，試しに1つ食べてみたい？）

Question: Who is making sandwiches?（質問：だれがサンドイッチを作っていますか。）

② (1) Are, driving / am
   (2) Is, making[baking] / isn't
   (3) What are, doing / playing
   (4) Who's talking[speaking] / is
   (5) are coming

解説 (1)「運転中ですか」と進行中の動作をたずねているので現在進行形の文で表す。主語が you なので be 動詞は are を，drive は語尾の e をとって ing をつける。答えの文も be 動詞を用いる。

(2) 主語が Mom なので be 動詞は is，make は語尾の e をとって ing をつける。No で答えているので，isn't を入れる。

(3)「何をしていますか」は文の最初に疑問詞 What をおき，疑問文の形を続ける。主語が Yuji and Kana なので be 動詞は are，「している」は do の ing 形を用いる。「遊ぶ」は play。そのまま ing をつける。

(4) 主語は「だれが」なので，疑問詞 Who を文の

最初におく。主語の who は，3 人称単数扱いなので，be 動詞は is を用いる。空所の数から Who is を短縮形の Who's にし，talk（話す）を ing 形にする。答えの文も be 動詞を使って答える。

(5)「何人の男の子が」が主語。How many boys のあとに，ふつうの文と同じように現在進行形の文を続ける。boys は複数形なので，be 動詞は are を用いる。現在進行形の文は未来のことを表すこともある。

③ (1) **Are / I'm not**　(2) **Is / he is**
　(3) **Are / they aren't**　(4) **What**

解説 (1) 後ろの eating から，現在進行形の疑問文になると考える。主語が you なので，be 動詞は are。答えの文も be 動詞を用いる。

(2) studying があり，主語が your brother なので空所には Is を入れて，現在進行形の疑問文を完成させる。your brother を受ける代名詞は he。

(3) 主語が they なので，be 動詞は are。No で答えているので，they aren't を入れる。they're not としてもよい。

(4) 健が「ハンバーガーを食べている。」と答えているので，「あなたは何を食べていますか。」とたずねる文をつくる。

④ (1) **How are you spending your vacation?**
　(2) **Who are you waiting for?**

解説 (1) 疑問詞 How で文を始めて，現在進行形の疑問文を続ける。do が不要。

(2) 疑問詞 Who で文を始める。「〜を待つ」は wait for 〜で表す。is が不要。

⑤ (1) **No, he isn't[he's not / he is not].**
　(2) **She's[She is] talking[speaking] with Ms. Jones.**
　(3) **Masaya is.**

解説 (1)「正也は黒板に絵をかいていますか。」黒板に絵をかいている人物は潤なので，No で答える。

(2)「智子は何をしていますか。」 智子はジョーンズ先生と話をしている。「〜と話す」は talk with 〜。

(3)「だれが眠っていますか。」「正也です。」と be 動詞を使って答える。

⑥ （例）(1) **Where are you going?**
　（例）(2) **I'm[I am] going to your house.**

解説 (1)「あなたはどこへ行くところですか。」という文を，現在進行形を使って表す。疑問詞 Where を文の最初におき，現在進行形の疑問文を続ける。

(2)「私はあなたの家に向かっているところです。」という文をつくる。主語が I なので，be 動詞は am，「向かう［行く］」は go を ing 形にすればよい。

定期テスト予想問題 ④　(p.96-97)

1 (1) **オ**　(2) **カ**　(3) **エ**　(4) **イ**

解説 (1) ♪読まれた音声 Mai's cat is on the sofa.（舞のネコはソファーの上にいます。）

(2) ♪読まれた音声 Mai is reading a book.（舞は本を読んでいます。）

(3) ♪読まれた音声 Mai's sister is watching TV.（舞の妹はテレビを見ています。）

(4) ♪読まれた音声 Mai's bag is by the table.（舞のかばんはテーブルのそばにあります。）

2 (1) **イ**　(2) **ウ**　(3) **イ**　(4) **ウ**　(5) **ア**

解説 (1)「壁の絵を見てください。」「壁に（接して）」は on を使う。

(2)「ビル，私たちといっしょに来て。」前置詞 with のあとに続くので目的格を選ぶ。

(3)「これはだれのノートですか。——私のです。」選択肢のあとに名詞が続いていないので，1 語で「〜のもの」の意味を表す mine を選ぶ。

(4) プレゼントをもらって「なんてすてきなんだ！」と言っている。空所のあとには形容詞だけが続いているので，How を選ぶ。

(5)「エマはトムとアンの間に立っています。」between A and B で「A と B の間に」という意味。

3 (1) **her**　(2) **them**　(3) **running**　(4) **using**
　(5) **washing**

解説 (1)「あなたは彼女の名前を知っていますか。」代名詞が名詞の前にあるので，「彼女の」の形(所有格)にする。

(2)「彼らについて私に教えてください。」前置詞 about のあとに続いているので，目的格にする。

(3)「彼は体育館で走っています。」is があるので現在進行形の文。run の ing 形は語尾の n を重ねて ing をつける。

(4)「このコンピューターを使ってもいいですか。──ごめんなさい, 今私が使っているんです。」I'm があるので, 現在進行形の文にする。use の ing 形は e をとって ing をつける。

(5)「テッド, ジェーンはどこにいるの？」──「台所だよ。お皿を洗っているんだ。」She's に続けるので現在進行形の文にする。wash にはそのまま ing をつければよい。

4 (1) is under　(2) What　(3) is playing

解説 (1)「～の下に」は under。

(2) あとに〈形容詞＋名詞〉が続くので, What を入れる。

(3) Who が主語の現在進行形の疑問文。Who は 3 人称単数扱いなので, be 動詞は is を使う。

5 (1) What are you doing(?)

　(2)② drawing　④ me　(3) how

　(4)(例)美穂(自分)のために絵を描くこと。

解説 (1) what を使った現在進行形の疑問文。

(2)② 前に I'm があるので現在進行形の文に。draw にはそのまま ing をつける。④前置詞 for のあとに続くので目的格にする。

(3) あとに形容詞と感嘆符 (!) が続いているので, how を使った感嘆文にする。it's も可。

(4) 美穂の 2 番目の発言の 3 文目参照。

【全文訳】美穂：こんにちは, サム。何をしているの？

サム：絵を描いているんだよ。

美穂：わあ, なんてすてきなの！　あなたはすばらしい芸術家ね。サム, 私に絵を描いてよ。

サム：もちろん！

6 (例)going to Singapore /

　looking outside from an airplane /

　talking in an airplane など

解説 佐紀の "we are so high", "The buildings are very small." という言葉や, メアリーの "How long does it take to Singapore?" という質問から, 彼女たちは飛行機に乗ってシンガポールに向かっているところだとわかる。

【全文訳】メアリー：佐紀, 見て！　なんてきれいなの！

佐紀：わあ, とても高い。建物がすごく小さいね。

メアリー：シンガポールまではどれくらいかか

る？

佐紀：6 時間かかるよ。眠ろうか。

メアリー：ああ, 私は眠れないわ。この旅行とても楽しいもの！

22　過去形

Step 1 基礎力チェック問題 (p.98-99)

1 (1) help　(2) walks　(3) watched

　(4) used　(5) went

解説 (1)「手伝います」なので, 現在形で表す。主語が I なので help を用いる。

(2)「歩いて通勤している」なので, 現在形。主語が 3 人称単数なので, 語尾に s のついた walks を選ぶ。

(3)「見ました」なので, 過去形。watch の過去形は動詞の語尾に ed をつける。

(4)「使いました」なので, 過去形。use は語尾が e で終わっているので, d のみをつける。

(5)「行きました」なので, 過去形。go は不規則動詞で過去形は went。

2 (1) lived　(2) played　(3) studied

　(4) enjoyed　(5) carried　(6) stopped

　(7) came　(8) saw　(9) got

解説 すべて過去形にかえる。

(1) 語尾が e なので d だけをつける。

(2) 語尾に ed をつける。

(3)〈子音字＋y〉で終わる語は y を i にかえて ed をつける。

(4) 語尾の y の前が母音字なので, そのまま語尾に ed をつける。

(5)〈子音字＋y〉で終わる語は, y を i にかえて ed をつける。

(6)〈短母音＋子音字〉で終わる語は, 子音字を重ねて ed をつける。

(7)～(9) すべて不規則動詞。come → came, see → saw, get → got となる。

3 (1) did not　(2) didn't work

　(3) didn't have[eat]　(4) didn't go

解説 すべて過去の否定文。動詞の前に did not [didn't]を入れる。動詞は原形にする。

(1) 過去の否定文。did not を入れる。

(2) 空所の数から did not の短縮形 didn't を用いる。「働く」は work。

(3) 空所の数から短縮形 didn't を用いる。「食べる」は have[eat]。

(4) 空所の数から短縮形 didn't を用いる。「行く」は go。

4 (1) yesterday (2) last Monday
(3) ago (4) last year

解説 (1)「昨日」は yesterday。

(2)「この前の〜」は last 〜。

(3)「〜前に」は〜 ago。

(4)「去年」は last year。

Step 2 実力完成問題 (p.100-101)

1 (1) **ア** (2) **ウ** (3) **イ**

解説 (1) ♪読まれた音声 I went skiing with my family.
(私は家族とスキーに行きました。)

(2) ♪読まれた音声 I visited Nara and took a lot of pictures. (私は奈良を訪れて，たくさん写真を撮りました。)

(3) ♪読まれた音声 I practiced basketball hard. (私は熱心にバスケットボールを練習しました。)

2 (1) studied (2) had (3) watched
(4) worked (5) stayed (6) used
(7) made (8) came

解説 過去を表す語句に注目する。

(1) 終わりに last night(昨夜)がある。

(2) two days ago(2日前に)がある。have の過去形は had。

(3) 終わりに yesterday(昨日)がある。

(4) last week(先週)がある。

(5) last summer(この前の夏に)がある。

(6) this morning(今朝)がある。

(7) last year(去年)がある。make の過去形は made。

(8) yesterday(昨日)がある。come の過去形は came。

3 (1) went, last (2) called, yesterday
(3) liked (4) saw[watched]
(5) didn't get (6) didn't speak

解説 (1)「行った」は go の過去形 went。

(2)「電話をかけた」は call の過去形 called。

(3)「〜を気に入った」は like の過去形 liked。

(4)「〜を見た」は see の過去形 saw。「(動いているもの)を見る」という意味を表す watch の過去形 watched を用いてもよい。

(5)「起きなかった」なので，過去の否定文〈did not[didn't]＋動詞の原形〉で表せばよい。「起きる」は get up。wake up でもよい。

(6)「〜を話さなかった」なので，過去の否定文〈did not[didn't]＋動詞の原形〉で表せばよい。「(言語)を話す」は speak。

4 (例)(1)① Sayaka usually plays tennis after school.
② She went to the library after school yesterday.

(例)(2)① Sayaka usually helps her mother before dinner.
② She studied English before dinner yesterday.

解説 (1)①「さやかはふだん放課後にテニスをします。」主語が3人称単数で現在の文は，動詞 play を3単現の形にする。「放課後」は after school。

②「さやかは昨日，放課後に図書館へ行きました。」「行く」は go で，過去形は went。

(2)①「さやかはふだん夕食前にお母さんの手伝いをします。」「手伝う」は help で，helps とする。

②「さやかは昨日，夕食前に英語の勉強をしました。」「勉強をする」は study で，過去形は studied。

5 (1) Last week I <u>went</u> there with <u>her</u>.
(2) I <u>enjoyed</u> the trip to Kyoto very <u>much</u>.

解説 (1)「先週，私は彼女といっしょにそこへ行きました。」という内容の英文。動詞 go の過去形は，went。「彼女といっしょに」は前置詞 with のあとに代名詞の目的格をおく。目的格は her で表す。

(2)「私は京都への旅行をとても楽しみました。」enjoy の過去形は enjoyed。very well は「とても上手に」の意味。「とても，非常に」は very much で表す。

過去の疑問文

基礎力チェック問題 (p.102-103)

1 (1) **Did** (2) **Did, live** (3) **Did, study**

解説 すべて一般動詞の過去の疑問文。Did で文を始めて，Did ～? の形で表す。

(2)「住む」は live。あとに続く動詞は原形。

(3) 動詞の原形を入れる。「勉強する」は study。

2 (1) **do** (2) **are** (3) **did**

(4) **did** (5) **didn't**

解説 (1) Do ～? には do で答える。

(2) Are ～? には be 動詞を用いて答える。

(3)～(5) 一般動詞の過去の疑問文 Did ～? には did を用いて答える。did not の短縮形は didn't。

3 (1) **Did** (2) **did** (3) **didn't**

解説 Did ～? には did を使って答える。

(1)「あなたはこの本を読みましたか。——はい，読みました。」

(2)「彼はトムに電話をしましたか。——いいえ，しませんでした。」

(3)「彼らは昨日犬と散歩しましたか。——いいえ，しませんでした。」

4 (1) **did, do / went** (2) **When / had[ate]**

(3) **Who cooked / did[cooked]**

(4) **How, did / saw**

解説 (1) 疑問詞を用いた一般動詞の過去の疑問文は，疑問詞のあとに did ～? の形を続ける。

(2) When(いつ)を文の最初において，did を続ける。have の過去形は had。

(3) Who(だれが)を文の最初におく。疑問詞が主語になっている場合は，ふつうの文と語順が同じ。Who の直後に過去形の cooked をおく。Who ～? の疑問文に対する答えの文はふつう〈主語＋did.〉で表す。

(4)「何人の…を～しましたか。」と数をたずねる文は〈How many ＋名詞の複数形〉を文の最初におき，did ～? を続ける。see の過去形は saw。

5 (1) **How** (2) **Where** (3) **What time**

解説 (1)「彼らは自転車で行きました。」と答えているので，How で交通手段をたずねる文にする。

(2)「私たちはロンドンに住んでいました。」と答

えているので，Where で場所をたずねる文にする。

(3)「私たちは７時に起きました。」と答えているので，What time で時刻をたずねる文にする。

実力完成問題 (p.104-105)

1 (1) **イ** (2) **ウ** (3) **ウ**

解説 (1) ♪読まれた音声 *A:* Hi, Sam. Did you enjoy your weekend?（こんにちは，サム。週末は楽しんだ？）

B: Hi, Miki. I didn't enjoy my weekend. I studied math for the test.（やあ，美紀。週末は楽しまなかったよ。テストのために数学の勉強をしたんだ。）

Question: Did Sam enjoy his weekend?（質問：サムは週末を楽しみましたか。）

(2) ♪読まれた音声 *A:* Lisa, you have a cute pencil case.（リサ，あなたはかわいい筆箱を持っているね。）

B: Thank you, Jiro. I bought it yesterday.（ありがとう，次郎。私は昨日それを買ったのよ。）

Question: What did Lisa buy yesterday?（質問：リサは昨日何を買いましたか。）

(3) ♪読まれた音声 *A:* Sam, please eat this apple pie.（サム，このアップルパイを食べてください。）

B: Thank you. Wow, it's delicious! Did you make it, Lisa?（ありがとう。わあ，とてもおいしいね。リサ，君が作ったの？）

A: No, I didn't. My mother made it.（いいえ。母がそれを作ったの。）

Question: Who made the apple pie?（質問：だれがアップルパイを作りましたか。）

2 (1) **Did, do / did** (2) **Did, go / didn't**

(3) **When did, call**

(4) **Who washed / did[washed]**

解説 (1)「宿題をしましたか」は一般動詞 do を用いた過去の疑問文。Did you do ～? で表す。答えの文も did を用いる。

(2)「行きましたか」は go を用いた過去の疑問文で表す。答えの文は空所が１つなので，did not の短縮形 didn't を入れる。

(3)「いつ～しましたか」は疑問詞 When を文の最

初におき，did 〜? を続ける。「電話をくれる」は call。

(4)「だれが〜しましたか」は疑問詞 who の文。who が主語なので，ふつうの文と同じように直後に動詞の過去形をおく。「洗う」の過去形は washed。〈Who＋一般動詞の過去形 〜?〉の疑問文にはふつう〈主語＋did.〉で答える。

3 (1) **Where did / lived**

　(2) **What did / saw**　(3) **How did**

　(4) **How many / had**

解説 (1) in Yokohama と場所を答えているので，Where（どこ）を文の最初におく。five years ago があるので，過去の疑問文にする。

(2)「数匹のキツネを〜」と答えているので，「昨夜彼らは森で何を見ましたか。」という疑問文にする。

(3) By train.（電車で）と交通手段を答えているので，「どうやって」という意味を表す疑問詞 How を文の最初におく。yesterday があるので，過去の疑問文にする。

(4) 数を答えているので，How many でたずねる。

4 (1) **What time did, get**

　(2) **Who did, visit**

解説 (1)「私は 5 時 30 分に起きました。」と時刻を答えているので，「何時に起きましたか。」という疑問文にする。「何時に」とたずねるときは文の最初に What time をおく。「起きる」は get up。

(2)「私たちは祖父を訪ねました。」と答えているので，「神戸でだれを訪ねましたか。」という疑問文にする。「だれを」をたずねるときは Who を文の最初におく。この who は主語ではないので，あとに did 〜? を続ける。

5 (例)(1) **Why did Tom go[come] home early last night?**

　(例)(2) **What did you listen to at the concert?**

解説 (1) 理由をたずねるので，疑問詞 Why で文を始める。昨夜のことについてたずねるので過去の疑問文を続ける。「早く帰る」は go[come] home early。

(2)「あなたはコンサートで何を聞きましたか。」

という文にする。「音楽などを聞く」と言うときは listen to 〜を使う。

6 (例)(1) **How did you spend your winter vacation?**

　(例)(2) **I skied in Canada during the winter vacation.**

　(例)(3) **How long did you stay in Canada?**

解説 (1)「どのように」とたずねるときは How を文の最初におく。あとに spend を用いた過去の疑問文を続ける。

(2)「私は冬休みにカナダでスキーをしました。」という文をつくる。「スキーをした」は ski を用いる。過去形は語尾に ed をつける。「冬休みに」は「〜の間に」という意味を表す during を用いて during the winter vacation と表す。

(3)「どのくらい〜」と期間をたずねる疑問文は，文の最初に How long をおき，did 〜? を続ける。「カナダに滞在する」は stay in Canada。

24 be動詞の過去の文

Step 1 基礎力チェック問題 (p.106-107)

1 (1) **was**　(2) **was**　(3) **were**

　(4) **was**　(5) **were**

解説 いずれも be 動詞の過去の文。主語が I や 3 人称単数のとき be 動詞は was を，you や複数のときは were を使う。

(5) Tom and his brother（トムと彼の兄）は複数の主語。

2 (1) **were**　(2) **was**　(3) **was**　(4) **were**

解説 いずれも be 動詞の過去の文。主語によって was と were を使い分ける。

(1)「〜にいた」は be 動詞で表す。They は複数の主語なので，were を入れる。

3 (1) **were not**　(2) **was not**

　(3) **wasn't**　(4) **weren't**

解説 be 動詞の過去の否定文は，was や were のあとに not を入れる。

(3) 空所の数から短縮形 wasn't を入れる。

(4) 空所の数から短縮形 weren't を入れる。

4 (1) Were / wasn't　(2) Was / was

(3) How was / was　(4) What was / was

(5) where were / was

解説 be 動詞の過去の疑問文は，Was, Were で文を始める。

(1) 答えの文の主語は I なので，be 動詞は was。空所の数から，短縮形 wasn't を入れる。

(3)「どうでしたか」のように感想などをたずねるときは how を使う。

(4)「何」とたずねるときは what を使う。

(5)「どこ」とたずねるときは where を使う。

Step 2 実力完成問題　(p.108-109)

1 (1) ア　(2) ア　(3) ウ

解説 ♪読まれた音声 Hi, I'm Haruto. I'm a junior high school student. I went to my grandparents' house in Yamagata last week. It was sunny there. I ate many cherries with my grandparents. They were delicious. I enjoyed my stay in Yamagata. (こんにちは。ぼくは温人です。ぼくは中学生です。ぼくは先週山形の祖父母の家へ行きました。そこは晴れていました。ぼくは祖父母とさくらんぼをたくさん食べました。それらはとてもおいしかったです。ぼくは山形での滞在を楽しみました。)

(1) ♪読まれた音声 *Question 1:* Is Haruto a junior high school student? (質問 1：温人は中学生ですか。)

(2) ♪読まれた音声 *Question 2:* How was the weather in Yamagata last week? (質問 2：先週の山形の天気はどうでしたか。)

(3) ♪読まれた音声 *Question 3:* How was Haruto's stay in Yamagata? (質問 3：温人の山形での滞在はどうでしたか。)

2 (1) was　(2) were　(3) was

(4) were / wasn't　(5) Was / was

解説 (1)「私の兄［弟］はそのとき疲れていました。」at that time(そのとき)は過去を表す語句。

(2)「彼らは昨日パーティーで楽しみました。」yesterday(昨日)は過去を表す語。主語が They なので were を選ぶ。

(3)「その本はおもしろくありませんでした。」選択肢のあとに not があることに注意。

(4)「ジェフ，あなたは昨夜ひまでしたか。——いいえ，ひまではありませんでした。」last night(昨夜)は過去を表す語句。質問の文の Jeff は呼びかけの語。

(5)「メグは昨日家にいましたか。——はい，いました。」Meg も she も 3 人称単数なので，was を使う。

3 (1) was　(2) was　(3) Was / wasn't

(4) Were / were　(5) was not

解説 (2) was in bed で「寝ていた」。

(3) 答えの文では，空所の数から短縮形の wasn't を入れる。

4 (1) I was　(2) she wasn't

(3) they weren't　(4) How was

解説 (1)「A：あのとき，あなたはおなかがすいていたのですか。B：ええ。昼食を食べなかったのです。」空所のあとの文で主語が I なので，質問の you は単数と考える。

(2)「A：あなたのお母さんは教師でしたか。B：いいえ，ちがいます。彼女は看護師でした。」

(3)「A：トムとアンディーは教室にいましたか。B：いいえ，いませんでした。」Tom and Andy は答えの文では they で受ける。

(4)「A：休暇はどうでしたか。B：最高でした！私はキャンプを楽しみました。」

5 (1) He was not there after school.

(2) How was the weather in

(3) Why were you sleepy at that time?

解説 (1) 否定文なので，was のあとに not を入れる。「放課後」は after school。短縮形の wasn't が不要。

(2)「どうでしたか」と天気をたずねているので，How で文を始め，あとに was の疑問文を続ける。is が不要。

(3) 理由をたずねているので，Why で文を始め，あとに were の疑問文を続ける。「そのとき」は at that time。did が不要。

6 (例)① It was

(例)② were very[so] happy[glad]

解説 ① 週末の天気を説明するので，It was ～. の形にする。

②「とてもうれしかった」は，主語 We が与えら

39

れているので，be 動詞は were を使う。また，very の代わりに so を使ってもよい。

Step 1 基礎力チェック問題 (p.110-111)

1 (1) was (2) was (3) were
　　(4) was waiting (5) lived

解説 「～していました」は過去進行形で表す。be 動詞は過去形を使い，あとに動詞の ing 形を続ける。

(1) 主語が I なので，was を選ぶ。

(2) My brother は 3 人称単数なので，was を選ぶ。

(3) They は複数なので，were を選ぶ。

(4)「待っていました」は過去進行形で表す。

(5) live は「住んでいる」という状態を表す動詞なので，ふつう進行形にはしない。

2 (1) was playing (2) was reading
　　(3) were drinking[having]
　　(4) were looking (5) was calling

解説 いずれも過去進行形の文にする。

(1) Bob は 3 人称単数なので，was を使う。「～を演奏する」は play。

(2)「～を読む」は read。そのまま ing をつける。

(3) We は複数なので，were を使う。「飲む」は drink。have(having)でもよい。

(4) They は複数なので，were を使う。「～を探す」は look for ～。

3 (1) was not (2) wasn't doing
　　(3) were not (4) weren't using

解説 過去進行形の否定文は was, were のあとに not を入れる。

(2) 空所の数から，短縮形 wasn't を入れる。「(彼女の)宿題をする」は do her homework と表す。

(4) 空所の数から，短縮形 weren't を入れる。use(～を使う)の ing 形は e をとって ing をつける。

4 (1) Were / was
　　(2) Were, writing / wasn't
　　(3) What were, doing
　　(4) Who was singing

解説 過去進行形の疑問文は Was, Were で文を始める。

(1)(2) 答えの文の主語は I なので，be 動詞は was を使う。

(3)「何をしていましたか」は What で文を始める。「～をしている」は do の ing 形 doing を用いる。

(4) Who(だれ)が主語の疑問文。すぐあとに過去進行形の文が続く。

Step 2 実力完成問題　　(p.112-113)

1 (1) エ (2) ア (3) ウ (4) イ

解説 (1) ♪読まれた音声 Kenta was reading a book. (健太は本を読んでいました。)

(2) ♪読まれた音声 Mao was talking with her friend. (真央は友達と話していました。)

(3) ♪読まれた音声 Saki was doing her homework. (早紀は宿題をしていました。)

(4) ♪読まれた音声 Jun was sleeping. (純は眠っていました。)

2 (1) was (2) snowing (3) Were
　　(4) wasn't (5) were

解説 (1)「私の母はそのとき台所で料理をしていました。」あとに cooking が続くので，過去進行形の文にする。主語が 3 人称単数なので，be 動詞は was を選ぶ。

(2)「今朝，雪が降っていました。」選択肢の前に was があるので過去進行形の文にする。snowing を選ぶ。

(3)「あなたは図書室で読書していましたか。」過去進行形の疑問文。主語が you なので，be 動詞は Were を選ぶ。

(4)「由美は音楽を聞いていませんでした。」選択肢のあとに listening があるので，過去進行形の否定文にする。Yumi は 3 人称単数なので，wasn't を選ぶ。

(5)「あなたはどこへ行くところだったのですか。——生花店です。」あとに you going が続いているので were を選ぶ。

3 (1) were swimming (2) was taking
　　(3) weren't playing
　　(4) What were, eating[having]
　　(5) Were, watching / wasn't

解説 (1) A lot of people は複数なので，were を使って過去進行形をつくる。「泳ぐ」は swim で ing 形は語尾の m を重ねて swimming となる。
(2)「ふろに入る」は take a bath。take は e をとって ing をつける。
(3) 空所の数から短縮形の weren't を入れる。
(4)「何」とたずねているので，What で文を始める。あとは過去進行形の疑問文の形を続ける。
(5) 過去進行形の疑問文。「テレビを見る」は watch TV。

4 (1) they were　(2) he wasn't
　(3) Where were　(4) What, doing
解説 (1)「彼らはそのとき体育館でバスケットボールを練習していましたか。」be 動詞を使って答える。
(2)「ヒルさんは洗車をしていましたか。」Mr. Hill は男性なので，答えの文では he で受ける。空所の数から短縮形 wasn't を入れる。
(3) B は「彼らは公園の池の周りを走っていました。」という意味。「どこ」と場所をたずねる Where を入れる。
(4) B は「彼は眠っていました。」という意味。A は「そのときトムは何をしていましたか。」という文にすると意味が通る。

5 (1) My brother wasn't cleaning the room.
　(2) Who was using the computer?
解説 (1) 過去進行形の否定文。not が不要。
(2) Who が主語の疑問文。Who は 3 人称単数扱いなので was が続く。were が不要。

6 (例)(1) What were you doing around [about] eight?
　(例)(2) Where were you playing the piano then[at that time]?
　(例)(3) It wasn't[was not] raining last night.
解説 (1)「8 時ごろあなたは何をしていましたか。」という文をつくる。
(2) Where(どこで)で始まる疑問文にする。「そのとき」は then，または at that time。
(3) 天候を表す文なので，主語は it を使う。It wasn't rainy last night. としてもよい。

---

26 There is 〜. / There are 〜.

Step 1 基礎力チェック問題 (p.114-115)

1 (1) is　(2) are　(3) were　(4) a picture
解説 There is[are] 〜. の文の主語は「〜」に当たる語句なので，be 動詞は「〜」と時に合わせる。
(1) a big park が主語で現在の文なので，be 動詞は is。
(2) some plates が主語で現在の文なので，be 動詞は are。
(3) many students が主語で過去の文なので，were を選ぶ。
(4) There is[are] のあとには不特定の物や人が続く。the picture(その絵)は特定の物を表すので，There is には続かない。

2 (1) There is　(2) There was　(3) There are
　(4) There's
解説 不特定の物が「ある」というときは，ふつう There is[are] で文を始める。
(2) 主語が単数で過去の文なので，be 動詞は was を使う。
(4) 空所の数から There is の短縮形の There's を入れる。

3 (1) is not　(2) aren't　(3) There weren't
　(4) There isn't[There's not]
解説 (1)(2) There is[are] 〜. の否定文は be 動詞のあとに not を入れる。

4 (1) Is there / there　(2) Are there / there
　(3) How many, there
解説 There is[are] 〜. の疑問文は be 動詞を there の前に出す。答えの文でも there を使う。
(3) 人数をたずねるので，How many で文を始める。

Step 2 実力完成問題 (p.116-117)

1 (例)(1) No, there aren't[are not].
　(例)(2) (There are) four (people).
解説 (1) ♪読まれた音声 Are there any bikes in the picture?（絵の中には自転車はありますか。）
(2) ♪読まれた音声 How many people are there at the bus stop?（バス停には何人の人がいますか。）

2 (1) were　(2) is　(3) There
(4) Are　(5) There's

解説 (1)「電車にはたくさんの人がいました。」a lot of people（複数）が主語なので，were を選ぶ。
(2)「私の家の近くには大きな木があります。」a big tree（単数）が主語なので，is を選ぶ。
(3)「机の下にはかばんはありませんでした。」選択肢のあとに wasn't が続いているので，There を選ぶ。
(4)「このあたりに病院はありますか。」any hospitals が主語なので，Are を選ぶ。
(5)「あなたのかばんの中には何が入っていますか。──スマートフォンが入っています。」「〜に何があるか」に「…（不特定の物）がある」と答えるときは，There is[are] 〜. を用いる。

3 (1) There were　(2) Are there
(3) There weren't　(4) How many eggs

解説 (1) 主語が two chairs で過去の文なので，were を使う。
(2) 道をたずねるときによく使われる表現。There are 〜. の疑問文にする。
(3) There were 〜. の否定文。空所の数から短縮形を使う。
(4) 数をたずねているので，How many で始める。あとに続く名詞は複数形にすることに注意。

4 (1) イ　(2) イ　(3) ウ

解説 (1)「壁に絵はかかっていますか。──はい，かかっています。」Are there 〜? には there を使って答える。
(2)「この近くに古い建物はありましたか。──いいえ，ありませんでした。」
(3)「机の上には何がありますか。──カップがあります。」

5 (1) There is a beautiful park near our school.
(2) Were there any windows in the room?
(3) There were no clouds in the sky.

解説 (1) 主語は a beautiful park なので，be 動詞は is を使う。are が不要。
(2) この文の主語は any windows なので，be 動詞は were を使う。疑問文なので Were で文を始

める。was が不要。
(3) 否定の意味の文だが，no と clouds が与えられているので，There were no 〜. の形にする。「空に」は in the sky。was が不要。

6 (例)① There is a bag.
(例)② No, there aren't[are not].
(例)③ There are two (books).

解説 ①「机の下には何がありますか。」There is で文を始める。短縮形 There's でもよい。
②「机の上にはペンはありますか。」ペンはないので，No で答える。
③「机の上には本が何冊ありますか。」Two books. だけだと，問題の条件に合わない。

27 場面別表現

Step 1 基礎力チェック問題 (p.118-119)

1 (1) Can you　(2) Sure.　(3) Can I

解説 (1)「〜してくれますか」のように依頼するときは Can you 〜? を使う。
(2) 依頼の Can you 〜? には，ふつう Yes, No を使って答えない。
(3)「〜してもいいですか」と許可を求めるときは Can I 〜? を使う。

2 (1) What's / have　(2) feel sick
(3) too bad

解説 (1) 相手の具合などをたずねるときに使う表現。「頭が痛い」は have a headache。
(3) 病気やよくないことなどについて，同情するときに使う表現。

3 (1) would, like / I'd　(2) Would, like
(3) thank you

解説 (1) 店員が注文をとるときに使う表現。I'd like 〜. は I want 〜. のていねいな言い方。
(2) Would you like 〜? は Do you want 〜? のていねいな言い方。
(3) 断るときの表現。

4 (1) How can　(2) along[down]
(3) Turn, at

解説 (1) How can I get to 〜? は道をたずねるときの決まった表現。

(2)「〜に沿って進んでいく」は go along 〜。

(3)「曲がる」は turn。

⑤ (1) **Hello / This** (2) **I speak**

(3) **I leave** (4) **Hold**

解説 (1)「もしもし。」は Hello. を，電話で自分の名前を名乗るときは This is 〜. を使う。

(2)電話で相手を呼び出してもらうときの表現。

(3)電話で伝言をお願いするときの表現。

Step 2 実力完成問題 (p.120-121)

① (1)**イ** (2)**エ** (3)**ウ**

解説 (1)♪読まれた音声 *A:* Excuse me. Where is the post office?（すみません。郵便局はどこですか。）

B: Go straight and turn right at the second corner. It's on the left.（まっすぐ行って2つ目の角で右に曲がってください。左手にあります。）

A: Oh, I see. Thank you.（ああ，そうですか。ありがとうございます。）

Question: Where is the post office?（質問：郵便局はどこにありますか。）

(2)♪読まれた音声 *A:* What would you like?（何になさいますか。）

B: I'd like a hamburger, please.（ハンバーガーをお願いします。）

A: OK. Anything else?（わかりました。他に何かありますか。）

B: A small apple juice, please.（リンゴジュースのSをお願いします。）

Question: Which is the boy's order?（質問：男の子の注文はどれですか。）

(3)♪読まれた音声 *A:* Hello?（もしもし？）

B: Hello. This is Takeshi. May I speak to Jeff, please?（もしもし。武です。ジェフをお願いします。）

A: Oh, Takeshi, I'm sorry. Jeff is out now.（ああ，武，ごめんなさい。ジェフは今外出中です。）

B: OK. So, can I leave a message?（分かりました。では，伝言をお願いしてもいいですか。）

A: Sure.（もちろんです。）

Question: What is Takeshi doing?（質問：武は何をしていますか。）

② (1)**ウ** (2)**イ** (3)**ウ**

解説 (1)「A：もしもし。健です。ジムをお願いします。B：ぼくです。やあ，健。どうしたの？」電話での会話。

(2)「A：何になさいますか。 B：コーヒーをお願いします。」注文の表現。

(3)「A：私の宿題を手伝ってくれますか。 B：はい，もちろんです。」依頼の Can you 〜? の答えには，ふつう can を使わない。

③ (1)**can, get** (2)**Can[May] I** (3)**wrong**

(4)**Just[Wait] a**

解説 (1)道をたずねるときの表現。

(2)許可を求めるときは Can I 〜? を使う。

(3)相手の具合などをたずねるときの表現。

(4)Wait a minute. としてもよい。

④ (1)**ウ** (2)**イ** (3)**ア** (4)**エ**

解説 (2)もともとの意味は「問題ありません」。

(4)ふつう，最初に Sorry（すみません）と言う。

⑤ (1)**turn right at the traffic light**

(2)**Can you open the window?**

(3)**Would you like some dessert?**

解説 (1)「右に曲がる」は turn right。「その信号を」は at the traffic light。on が不要。

(2)依頼の文なので，Can you 〜? の形に。I が不要。

(3)食べものや飲みものをすすめて「〜はいかがですか」というときは Would you like 〜? で表す。what が不要。

⑥ (例)(1)**How can I get to the station?/ Where is the station?**

(例)(2)**Can[May] I take a picture[a photo / pictures] here?**

(例)(3)**I have a headache.**

解説 (1)Is there a station near here? などでもよい。

28 その他の学習事項

Step 1 基礎力チェック問題 (p.122-123)

1 (1) looks (2) looks like (3) sounds

解説 (1)「〜に見える」は〈look＋形容詞〉。

(2)「〜に見える」で，あとに名詞が続く場合は look like を使う。

(3)「〜に聞こえる」は〈sound＋形容詞〉。

2 (1) like playing (2) enjoyed singing (3) at cooking

解説 (1)「〜することが好き」は like 〜ing。

(2)「〜することを楽しむ」は enjoy 〜ing。enjoy は過去形にする。

(3)「〜することが得意だ」は be good at 〜ing。

3 (1) am (2) are (3) Is (4) will (5) will be

解説 (1)〜(3) 未来を表す be going to の文。be 動詞は主語に合わせる。

(4)(5) 未来を表す will の文。will は動詞の原形といっしょに使う。

4 (1) have to (2) don't (3) must (4) mustn't (5) has (6) may I

解説 (2)「〜する必要はない」は don't [doesn't] have to 〜 で表す。

(4) must の否定文は禁止の意味を表す。

(5) 主語が3人称単数なので，has to を使う。

Step 2 実力完成問題 (p.124-125)

1 (1) イ (2) イ (3) イ

解説 (1) ♪読まれた音声 *A:* What do you have in your bag, Kate?（ケイト，かばんの中には何が入っているの？）

B: I have a flute. I'm good at playing the flute.（フルートが入ってるの。私はフルートをふくのが得意よ。）

Question: What is Kate good at?（質問：ケイトは何が得意ですか。）

(2) ♪読まれた音声 *A:* Kohei, what's wrong? You look tired.（耕平，どうしたの。疲れているようだね。）

B: I had club activities at school and I practiced soccer a lot. I'm so tired.（学校で部活動があっ

て，サッカーをたくさん練習したんだ。とても疲れたよ。）

A: Oh, I see.（ああ，そうなのね。）

Question: Why is Kohei tired?（質問：どうして耕平は疲れているのですか。）

(3) ♪読まれた音声 *A:* Lisa, what are you going to do on the weekend?（リサ，週末は何をするつもりですか。）

B: I'm going to go camping. How about you, Kenta?（キャンプへ行く予定よ。あなたはどう，健太？）

A: I'm going to visit my grandparents.（ぼくは祖父母を訪ねるつもりだよ。）

Question: What is Lisa going to do on the weekend?（質問：リサは週末に何をする予定ですか。）

2 (1) swimming (2) looked (3) sounds (4) must (5) go

解説 (1) at のあとには〜ing の形が続く。

(2)〈look＋形容詞〉で「〜のように見える」。

(3)〈sound＋形容詞〉で「〜のように聞こえる」。

(5) be going to のあとに続く動詞は原形にする。

3 (1) likes playing (2) has to (3) going to (4) will be

解説 (1)「〜することが好き」は like 〜ing。

(2)「〜しなければならない」は空所の数から have to を入れると判断する。主語が3人称単数なので has to になる。

(3)「〜するつもり」は be going to 〜。

4 (1) You don't have to wash the dishes.
(2) enjoyed playing baseball on Sunday
(3) I'm going to stay in London for
(4) He will be a famous singer.

解説 (1)「〜する必要はない」は don't have to。mustn't は「〜してはいけない」という禁止の意味。mustn't が不要。

(2)「〜をして楽しむ」は enjoy 〜ing。「日曜日に」は on Sunday。liked が不要。

(3)「〜する予定だ」は be going to 〜。「1週間」は for a week。will が不要。

(4) will の文。「有名な歌手」は a famous singer。going が不要。

5 (例)(1) Yes, I do. / No, I don't.

(例)(2) **I'm going to go shopping.**

解説 (1)「あなたは本を読むことが好きですか。」Yes か No で答えればよい。

(2)「あなたは今週末に何をする予定ですか。」I'm going to を使って，今週末の予定を答える。

6 (例)(1) **Do I have to finish my report? / Do I need to finish my report?**

(例)(2) **You mustn't[must not] eat or drink here. / Don't eat or drink here.**

(例)(3) **Where are you going to visit during this summer vacation?**

解説 (1)「～する必要はあるか」とたずねる文は Do I have to ～? で表せばよい。

(2) 禁止する表現なので，must の否定文を使う。Don't ～. の形でもよい。また，否定文のときは eat and drink とせず，eat or drink とする。

(3) 夏休みの予定を聞いているので，be going to の疑問文に。「どこ？」とたずねるので Where で始める。

定期テスト予想問題 ⑤ （p.126-127）

1 (1) **ウ** (2) **ウ** (3) **イ** (4) **エ**

解説 (1) ♪読まれた音声 *A:* I went shopping with my family last Sunday. Ken, how about you? （私はこの前の日曜日は家族と買い物へ行ったわ。健，あなたはどう？）

B: I played basketball with my friends. I enjoyed it a lot. （ぼくは友達とバスケットボールをしたよ。とても楽しんだよ。）

Question: What did Ken do last Sunday? （質問：健はこの前の日曜日に何をしましたか。）

(2) ♪読まれた音声 *A:* It was sunny in Tokyo yesterday. How was the weather in Hokkaido yesterday? （昨日東京は晴れていました。昨日の北海道の天気はどうでしたか。）

B: It was rainy, and it was a little cold. （雨が降っていて，少し寒かったです。）

Question: How was the weather in Hokkaido yesterday? （質問：昨日の北海道の天気はどうでしたか。）

(3) ♪読まれた音声 *A:* Tom, I called you yesterday, but you didn't answer. （トム，私は昨日あなたに電話したけど，出なかったね。）

B: Oh, I'm sorry, Jane. What time did you call me? （ああ，ごめんね，ジェーン。何時に電話したの？）

A: At 9:00 p.m. （午後9時よ。）

B: Oh, I was taking a bath then. （ああ，そのときはふろに入っていたよ。）

Question: What was Tom doing at 9:00 last night? （質問：トムは昨夜の9時に何をしていましたか。）

(4) ♪読まれた音声 *A:* Excuse me. Is there a flower shop near here? （すみません。この近くに生花店はありますか。）

B: Yes, there is one. （はい，1軒あります。）

A: How can I get there? （そこへはどのように行けばいいですか。）

B: Go along this street and turn left at the second corner. It's next to the bookstore. （この道に沿って行って，2つ目の角で左に曲がってください。本屋さんの隣にあります。）

Question: Where is the man going? （質問：男性はどこへ行くところですか。）

2 (1) **イ** (2) **ア** (3) **イ** (4) **ウ** (5) **ウ**

解説 (1)「昨夜，彼らは何をしましたか。――彼らはパーティーをしました。」一般動詞の過去の疑問文。

(2)「私はそのとき公園でバドミントンをしていませんでした。」過去進行形の否定文。

(3)「サムと私はそのとき教室にいました。」Sam and I は複数なので，were を選ぶ。

(4)「何になさいますか。――ピザをお願いします。」I'd like ～. は注文をするときによく使う。

(5)「エマは図書館で本を読んでいました。」過去進行形の文。

3 (1) **didn't eat[have]** (2) **look tired**
(3) **Were there / there were**

解説 (1) 一般動詞の過去の否定文。「食べる」は have でもよい。

(2)「～のようだ，～に見える」は〈look＋形容詞〉。

(3) There were 〜.の疑問文。any students が複数で過去の文なので，were を使う。

4 (1) ウ (2) エ (3) ア (4) イ

解説 (1)「どうしたのですか。——私は頭が痛いのです。」

(2)「あなたのペンを使ってもいいですか。——いいですよ。はい，どうぞ。」

(3)「グリーンさんは東京に住んでいましたか。——はい，住んでいました。」

(4)「昨日あなたは体育館にいましたか。——いいえ，いませんでした。」

5 (1) **was looking**

(2) **I was talking with Mr. Tanaka.**

(3) **Can[Will] you** (4) **Yes, he will.**

解説 (1)「〜を探す」は look for 〜。過去進行形にするので，was looking となる。

(2) 過去進行形の文。

(3) Could you，Would you と答えてもよい。

(4) 質問は「テッドは今日健の家へ行きますか。」という意味。

【全文訳】（教室で）

健：ああ，テッド，どこにいたの。きみを探していたんだよ。

テッド：ごめんね，健。田中先生と話していたんだ。どうしたの？

健：この英語のレポートを終わらせられないんだ。ぼくの家に来てレポートを手伝ってくれる？

テッド：いいよ。放課後，きみの家に行くよ。

健：ありがとう，テッド。

6 (例)**won the first game**

(例)**lost the second game**

解説 トーナメント表を見ると，潤(Jun)は第一試合で彰(Akira)に勝っており，第二試合で雅(Masa)に負けていることがわかる。win の過去形は won で，lose の過去形は lost。